How to start thinking

働く君に伝えたい

「考える」の始め方

出口治明

立命館アジア太平洋大学 学長

ポプラ社

「考える」の始め方

ガイダンス

日本で一番グローバルな大学で実感する、思考力の大切さ

こんにちは、出口治明《はるあき》です。大分県・別府の山頂にある大学、立命館アジア太平洋大学（APU）の学長をやっています。

APUは、約6000名の学生の半分が国際学生、つまり海外から学びにきた学生です。教員の半数も、海外からきています。

2000年に開学して以来、163の国や地域から学生たちがはるばる別府を訪れています。当然、キャンパスにはさまざまな言葉があふれ返っていますし、価値観はバラバラです。肌の色やファッション、メイクだって国際色豊か。もちろん、学食では宗教に配慮した食事も提供しています（ムスリムフレンドリー認証を取得）。

このような多様性を肌で感じる場で、僕が実感しているのが思考力の大切さです。育ってきた環境や文化、受けてきた教育、話す言語が違う人たちとコミュニケーションを取るには、自分の考えを整理し、ゼロから論理立てて話さなくては伝わりません。「暗黙の了解」なんてものはないのです。

ここ数年で、「多様性」という言葉をよく耳にするようになりました。人種、国籍、文化、性別、性的指向、年齢、障がいの有無。そして、あらゆることに対する価値観――。

「それぞれの個性を尊重しながら共存しよう」というメッセージは、あらゆるメディアから発せられています。そもそも「多様性は大切にすべきだ」という価値観は、この本を手に取っているような若い方にとって、もはや当たり前のものかもしれません。

とはいえ、「当たり前」だから「身についている」かというと、そう簡単な話ではありません。それは、日本という国の特殊性によるところも大きいでしょう。

育ってきた環境や価値観が似た人たちがまわりに多い。

「なんとなく」でも、言葉にしなくても、阿吽の呼吸で話は進んでいく。きわめて多様性に乏しい国で、「ラク」をしながら生きてきたわけですから。

しかしこれからは、そうはいきません。

多様性を尊重する社会のメンバーとして生きるうえでも、とどまるところを知らないグローバル化によっても、さまざまな人と仕事や地域で活動する機会は増えるでしょう。

だからこそ、自分の考えをしっかりと持ち、自分の言葉で自分の考えを整理し、論理立てて伝える必要がある。つまりは、思考力を伸ばさなければならないのです。

これからの社会では、自分の考えをわかりやすく伝えたり、相手の考えを受け入れたり、異なる意見の間で落としどころを見つけたりしながら、お互いを理解していく力が欠かせません。

また、後ほど詳しくお話ししますが、今は高度成長期のように「言われたことをその通りに行う人」ではなく、「自分の頭で考えられる人」が求められています。自分の考えをしっかり持ち、異なる考えを持つ人たちと議論しながら、新しいものを生み出すことができる人が。

まっとうに考える技術は、多様性が「当たり前」になっていく世の中で、そして激しく移り変わる世の中で、欠かせない力。一生モノの武器になるでしょう。

考える力がつけば、楽観的に生きられる

さらに、**思考力を育むと、楽観的に生きられるようになります。**

なぜかといえば、きちんと考えられる人は、**問題点を正面から受け止めて知恵を絞れば現状を変えられると知っているから**です。「どう考えればいいか、どのように行動すればいいか」がわかる。うじうじと悩まなくてすむから、無用なネガティブさとも決別できるというわけですね。

たとえば、ニュースやＳＮＳを見ながら、日本という国に対して悲観的になってしまうことはありませんか。

日本のＧＤＰや国際競争力ランキング、少子高齢化、ジェンダー・ギャップ指数

……。さまざまなデータを見ると「日本はもうアカンやん」と思うかもしれません。

けれど僕は、日本の将来に希望を持っています。これはただ楽観的なのではなく、海外の事例などから情報を集め、組み立て、さらにそれを実現するためにみんなでコツコツと行動していけば、悲観する必要はないとわかるからです。

このように、「考える力」は、幸せに生きるためにも必要な能力です。だって一度きりの人生、うじうじするよりポジティブに過ごしたいですよね？

僕は「どうしてお前はそんなに楽観的なんや！」とよく言われます。でも、それは決してなにも考えていないからではありません。むしろ逆です。

考える技術を磨き、じっくり考えるクセをつけてきたからこそ、ポジティブに生きられるのです。


本書のテーマは、「考える」の始め方。

これから社会に出る、あるいは出て間もない若者が、はじめに「装備」しておくべき武器である「考える方法」をお伝えしていきたいと思います。

とくに物心ついたときからインターネット、なかでもＳＮＳが身近な存在であるみなさんは、僕たちが若い頃とはまったく違う量の「意見」や情報を日々浴びています。メディアや親しい間柄の人たちからだけでなく、見ず知らずの、どんな素性かもわからないような人たちの意見に触れ、自分を形作っているわけです。

インターネットがなかったら知ることのなかった意見や考えに触れることは豊かである反面、ほんとうの意味で自分の意見を持ちづらくなるという弱点もあります。Ａさんの意見とＢさんの意見を混ぜ、自分の頭で考えたかのような錯覚に陥りやすいのです。心当たりがあるのではないでしょうか？

そこで本書では、「考える」の一歩目として、自分の頭で考え、自分の意見を持つ基本をお伝えしていきたいと思います。

思考のスタートラインに立つには

ここで質問です。

すでに思考力を磨くための本はあふれています。「自分の頭で考えることが大切だ」といったテーマについて、手垢がついているように感じる人もいるでしょう。

それなのに、なぜ考えることが苦手な人、ネガティブな人が多いのでしょうか？

僕は仕事柄たくさんの人と会ってお話しする機会に恵まれていますが、**多くの人は「思考のスタートライン」に立てていないと感じます。**

では、思考のスタートラインに立つためにはどうすればいいか。

最初に必要なのが「アンコンシャス・バイアス」の払拭です。

アンコンシャス・バイアス——和語に訳すと「無意識の偏見」ですね。**自分自身も気がついていない、歪んだり偏ったりしたものの見方や捉え方。**とくに、「属性」に対して抱きやすい偏見のことを指します。「当たり前」や「らしさ」、「ふつうは」といった言葉で語られているものを想像するとわかりやすいでしょう。

たとえば「75歳の大学の学長」——これは僕のことですが——という属性を目にしたとき、反射的に「特定分野の学問を究め、アカデミックの世界で生きてきた知的な男性」をイメージした方は多いのではないでしょうか？　それも、一種のアンコンシャス・バイアスです。日本の大学の学長はたいていアカデミシャンの男性だから、そう「反射行為」で判断してしまうわけです。

ちなみに実際のところどうかというと、僕は学問ではなくビジネスの世界にどっぷり浸っていた人間です。大学を卒業して日本生命に入社し、金融制度改革・保険業法の改正にも携わってきました。また、その日本生命ではロンドン現地法人社長を務めた経験もあります。

また2008年、ほぼ還暦でベンチャー企業「ライフネット生命」を立ち上げました。インターネットで生命保険を売ることが一般的ではなかったころの、ネット生保の起業です。さらに、生命保険だけでなく歴史やビジネスについての本を書きました。政府の委員、NHKの番組審議会の委員、新聞の書評委員なども務めてきました。

それが2017年の秋、突然APUの学長に選出されたのです。大変おどろきましたが、ご指名いただいたということはきっと何かのお役に立てるのだろうとお受けして、いまこうして別府で暮らしているというわけです。

このようなキャリアですから、僕自身は大学の学長でありながら、まったくもってアカデミシャンではありません。いわゆる、学長らしいキャリアではないわけです。

またじつは、2021年1月、脳出血で倒れました。幸い命に別状はなかったのですが、重い後遺症（レベル3）を患い、身体の右半分は麻痺が続いている状態です。

ただリハビリを地道に続けた結果、職務にも復帰できることとなりましたし、発症から1年2か月後の2022年3月には、別府での生活も再開しました。いまは週5回のリハビリを続けつつ、電動車椅子を乗りこなし、張り切って仕事をしています。

どうでしょうか。「75歳の大学の学長」という言葉から得られる印象とは、少々ちがう人物像なのではないでしょうか。

アンコンシャス・バイアスを取り除いたとき、僕たちははじめて「思考のスタートライン」に立つことができます。

自らの偏見や先入観に気づき、拭い去り、物事をフラットに見る。

これができれば、今後なにが起きても――思いがけない病に冒されて身体が思うように動かなくても、パンデミック級の出来事に襲われても、他国で戦争が起こっても

――自分の考えを編み、進むべき道を歩いていけるでしょう。

僕は、「年寄りの仕事は次世代に知恵を伝えること」だと考えています。APUの学生をはじめ、たくさんの若者たちに自分の見てきたこと、考えてきたことを伝えるためにさまざまな活動をしてきました。

本書は、いまこそ手渡せるものがあるのではないかと思い、執筆しました。この本をとおして考える技術、そして考えるおもしろさが少しでも伝われば幸いです。

本書についてのご意見・ご感想は気軽に僕のメールアドレスまでお寄せください(hal.deguchi.d@gmail.com)。みなさんの考えを知ることを楽しみにしています。

2023年8月　立命館アジア太平洋大学学長　出口治明

目次

ガイダンス

日本で一番グローバルな大学で実感する、思考力の大切さ　3
考える力がつけば、楽観的に生きられる　6
思考のスタートラインに立つには　8

第1講　なぜ考える力が必要なのか

考える力があれば、ポジティブに生きられる　18
多様性の時代に、思考力はさらに大切になる　19
多様性は組織の強さにつながる　22
「ほんとうの多様性」とは何か　23
「自分と違う人」とコミュニケーションを取るために　26

第2講 考えるとは、どういうことか

正しく知って、正しく考える 34
知は力？ 無知は力？ 36
考えるとはどういうことか 41
激変する世の中で、「考える」意味 48

第3講 どう考えればいいのか

「とは」を考える 54
「そもそも社会とは」を考えてみる 58
勉強で「考え方」を学ぶ 64
与えられた「前提」は変えられない 66
よりよく思考するための三種の神器 76

第4講 考えることを阻害するアンコンシャス・バイアス

なぜ自分の頭で考えられないのか 100
大坂なおみときゃりーぱみゅぱみゅから見るバイアス 103
生存するためにバイアスは生まれた 108
あなたは社会常識でできている 110
刷り込まれてきた「当たり前」 112
人間はグラデーションにすぎない 116

補講 男女差別こそが、日本が抱える問題の根幹

123

第5講 「勉強」こそが、バイアスを壊す

どのようにバイアスを外していくか 140

アンコンシャス・バイアスを外す「人・本・旅」 140
勉強した人に見えてくる「ほんとう」 153
勉強すると、生きやすくなる 157

第6講 考える力をつけ、行動しよう

勉強したら、行動しよう 164
自分と後輩と社会のために、行動する 165
選挙による民主主義 170
民主主義はガマンの上に成り立つ 177
なぜ投票に行かないことが大問題なのか 180
世界イチ簡単な投票の仕方 185
考えることを楽しんで、ポジティブに生きていこう 188

第1講

なぜ考える力が必要なのか

考える力があれば、ポジティブに生きられる

考える力が身につくと、たくさんの「いいこと」があります。

まず、ガイダンスでも触れましたが、ポジティブに生きられるようになります。まことしやかな情報に振り回されなくなるからです。

考える力がつくということは、ものごとの本質を見られるようになるということです。 困難な問題に直面しても、問題の構造を捉え、シンプルに考えることができる。視界がクリアなので、仕事でもプライベートでも無駄に悩むことがありません。一方で、**思考力のない人は「考える」と「悩む」を混同しがちです。**

僕自身、これまで仕事でもプライベートでも、考えることを大切にしてきました。だからこそ、いつも楽しく生きてこられたと思っています。「なんでそんなに楽観的なんだ」と呆れられるくらいです。

たとえば僕は、ある日突然、脳出血で倒れました。思うように言葉が出てこなくなり、右の手足が動かせなくなりました。

それでも、絶望したことはありません。これからしたいことはなにか、そのためにはいまなにをすべきかを考え、リハビリに励んできました。「考える」に集中し、悩んだり悲嘆したりして歩みを止めなかったのです。その結果、一番の目標――APUの学長職に復帰すること――を達成することができました。

考える力があれば、楽しく幸せに生きることができる。これは、僕の経験からも言えることなのです。本書で「考える」を始める一歩を踏み出すみなさんは、人生をエンジョイする切符を手にいれたと言ってもいいでしょう。

多様性の時代に、思考力はさらに大切になる

また、さまざまなバックグラウンドの人たちと接したり、仕事をしたりする機会が増える多様性の時代において、考える力は欠かせない武器になります。

その理由をしっかり理解していくためにも、この第1講ではまず「多様性とはなにか」ということを共有していきたいと思います。多様性は「そうあるべきこと」だと多くの人が感じている一方で、きちんと理解できている人はあまり多くない言葉だか

らです。

多様性を僕なりにかみ砕いて定義すると、「ひとりひとりの個性や特徴を尊重し、共に存在すること」です。

この説明がまだ堅苦しいようなら、**「その人をそのまま全部ひっくるめて受け入れること」**と言えばわかりやすいでしょうか。さまざまな人がそのまま、ひとつのグループやコミュニティ、共同体にいるというイメージです。

多様性のなかでもメディアで語られがちなのは、人種や性別などです。「女性管理職を増やそう」「どんな性自認の人でも使えるトイレを作ろう」「ＬＧＢＴＱ＋への理解を高めよう」といった企業や各団体の取り組みは注目を集め、その認知も年々上がっています。実際、電通の調査では「ＬＧＢＴ」という言葉の浸透度は２０１８年には68・５パーセントだったのが、２０２０年には80パーセントに上昇しています（もちろん、それで多様性が担保されているわけではありませんが）。

性別や人種、障がいの有無といった「属性」に関する多様性。

価値観やライフスタイルといった「思想」に関する多様性。

この両方ともを大切にしようというのが、「多様性を尊重する社会」の姿勢です。今後、日本でもますますこの流れは加速するでしょう。いえ、より加速させなければなりません。

なぜかといえば、諸外国、とくに欧米は多様性において日本のはるか先を走っているからです。しかも、そうして先を走っている世界中の企業が、さらに多様性を推し進めている。

一例を挙げるなら、ニューヨークに本社がある金融テクノロジー企業であるブルームバーグは、「職場とコミュニティの双方で、人種間の平等に向けた取り組みを強化」「多様性に富んだインクルーシブなチームを構築する」と声明を出しています。さらに徹底的に多様性のある会社にしますよ、ということです。これは決して、ブルームバーグのような先端企業に限った、特殊な例ではありません。

外国人の採用を進め、女性管理職の割合を増やし、障がい者雇用を推進する。一見すると、「正しいこと」をしているように感じられるかもしれません。もっと言えば、

「すべき」だから取り組んでいると。

多様性は組織の強さにつながる

けれど、違います。世の中の流れだから、仕方なく従っているわけではないのです。彼らが多様性を大切にするのは、ダイレクトに組織の「強さ」につながるからです。

さまざまな人が等しく参加し、新しい視点が加わることで、アイデアのコラボレーションが起こる↓多角的にものごとを捉えられる↓クリエイティビティが発揮される↓生産性が上がる↓利益が生まれる↓会社が成長する。要は、具体的なメリットがあるんですね。

GAFAM（グーグル・アマゾン・フェイスブック〈現・メタ〉・アップル・マイクロソフト）と呼ばれる、世界を代表するIT企業が、多様性を象徴する国であるアメリカで生まれているのも偶然ではありません。さまざまなバックグラウンドを持つ人たちが、多角的な視点からものごとを考え、新しいアイデアを形にしたからです。

実際、それを裏付ける研究や事例はたくさんあります。だから世界中の企業は、多様性を推進しようとしているわけです。きわめて合理的な流れと言えます。

日本の企業も、この流れに向かっていくでしょう。向かわなければ生き残れないのです。また、日本の企業が海外の企業を買収したり、買収されたりして、上司や同僚が海外の人になることも、これからますます増えていくでしょう。

もちろん、「今日から多様性のある社会／組織をつくります」と言っても、なかなかその通りにはいきません。多様性のある社会を目指すことは、これまでの「当たり前」が通用しないことと同義でもあるからです。

言葉にしなくても共有できていたことを、ひとつひとつ説明したり、すり合わせたりしなければならなくなる。

そのためにも、たくさんの「意見」に溺れず、自分の考えを作り、相手に伝えられるようにならなければならないのです。

「ほんとうの多様性」とは何か

僕はこれまでの人生やキャリアのなかで、世界中を旅したり、ロンドンで働いたり、年のずいぶん離れたパートナーと起業して「ライフネット生命」というベンチャー企業を立ち上げたりしてきました。さまざまな人や文化に触れてきたつもりです。それでも学長としてAPUにやってきたとき、その文化や言語の幅広さにはずいぶんとおどろかされました。

ここは日本、いや世界でもまだ珍しい多文化・多言語の環境なのです。ちなみにAPUの学生は、40パーセントがトリリンガル（3言語以上の言語を話す人々）。「言語こそ文化」ですから、5人に2人が3つの文化を肌で理解しているということは、多様さの象徴と言えるかもしれません。

APUは、多様性を肌で感じ、理解するためにとても恵まれている場だと言えます。この稀有な環境を求めて、世界中から学生がやってきているのです。

このように、人種や文化、価値観の「違い」は多様性のひとつの大切な指針です。一方で、一歩先に進んだ「ほんとうの多様性」について考えるとき、じつは**人種や国籍といったわかりやすい「違い」は必要ない**と僕は考えています。

アメリカ人ばかりのチームに中国人とフランス人を入れる。

白人モデルだけでなく、黒人モデルも使う。

こうしたアクションは現実を変えるという意味で大切ですが、本質ではありません。

真の多様性とは、「ひとりひとり違う」ということだからです。

遠いアフリカの地に住んでいる人だけでなく、隣に住んでいる人や同僚、友人とも、僕たちはみんな「違う」のです。

もちろん、人種や文化、年齢が違えば、わかりあえないことは増えます。摩擦も多いでしょう。そういう人たちと同じコミュニティで過ごすには、違いを受け入れようとより強く意識することや、お互いの努力も必要となります。

けれど本質的には、多様性を大切にすることは「人種や国籍、文化、性別、性的指向、年齢、障がいの有無、価値観の違いを受け入れること」ではない、ということは頭に留めておいてください。

人間は、みな違います。国籍や出身地が同じでも、ひとつ屋根の下で暮らす家族であっても違います。人種や文化、年齢などの「大きな違い」は、多様性理解の入り口に過ぎないのです。

「自分と違う人」とコミュニケーションを取るために

ＡＰＵに入学した多くの学生は1年目は寮（ＡＰハウス）に入居します。ふたり部屋では、必ず日本の学生と海外の学生が同じ部屋になります。つまり、言葉も文化も常識も共有していない人と、寝食を共にしなければなりません。「英語」という共通言語があったとしても、想像するだけで大変そうだと思いませんか？

このルームシェア生活について、はじめは少なくない学生が「（言葉ではなく）常識が通じなさすぎてつらい」と嘆きます。それはそうですよね。それまで、似たような「常識」や「ルール」を持つ人たちとばかり接してきたのですから。生活音の立て方から時間の守り方、プライバシーへの踏み込み方まで、個人差に加えて文化の違いも影響してくるわけで、混乱は大きいでしょう。

こんな場に放り込まれたら、みなさんならどうするでしょうか？

「自分とは違う人」とコミュニケーションを取るためには、コツがあります。
・数字
・ファクト（事実）
・ロジック（論理）
この3つを使うことです。そして場面に応じては、図でやりとりします。

数字、ファクト、ロジック、図。これらは、「どんな価値観の人でも同じ意味を共有できる」ものです。

まず、数字。よく、数学は世界共通語だと言われます。どんな国でも「1＋1＝」の数式が「2」以外になることはないわけですね。

一方、ふつうの「言語」は違います。「親を大切にする」という一文があったときに、東京の核家族と、農家の長男と、カトリックの人、プロテスタントの人では受け取り方が違うでしょう。もちろん東京の核家族の中でもグラデーションはあります。

要は、「大切」という言葉の解釈も、そのレベル感も、人によってまったく違うのです。

だから、人とズレなくコミュニケーションを取るためには数字が役立つのです。たとえば「親孝行について98パーセントの人がこう考えている」というデータがあれば、その数字を通して同じように物事を見つめたり議論したりすることができるはずです。

次に、ファクトとロジック。感想や感覚ではなく「ファクト」を机の上に載せ、それらの材料をもとにロジックを組み立てましょう。ロジックは、三段論法を使います。三段論法とは、AならB、BならC、よってAならCである、という考え方。正しい情報を起点として、事実や根拠を重ねて結論に導いていきます。Aには、普遍的な真実やルールなどが当てはまります。

【例①】人間は必ず死ぬ。あの独裁者は人間だ。よって、あの独裁者は必ず死ぬ。

【例②】ベッドを買うと、冷蔵庫が買えない。冷蔵庫が買えないと、料理ができない。

よって、ベッドを買うと料理ができない。

こうした三段論法を使うことで、自分の意見に矛盾が少なくなっていきます。コツは、誰にとっても「正しい前提」を使うことです。たとえば「APUは暑い」という前提にすると、人によって感じ方が違うために論理があやふやになってしまいます。図も、言葉よりも明確に主張を伝えることができるため、齟齬が少なくなります。

いずれも、**いかに「同じ意味を持つ共通言語」を使うかどうかが肝になる**わけです。

ライフネット生命時代、僕とパートナーは30歳も年が離れていましたし、社員にはさらに若いメンバーが集まっていました。生きてきた社会がまったく違う価値観に幅のある人間が集まり、侃々諤々《かんかんがくがく》の議論を交わしていたのです。そんな僕たちが議論するときには、「数字、ファクト、ロジック、図」が欠かせませんでした。

僕はここで、ずいぶん鍛えられました。自分で言うのもなんですが、それまでいわゆるエリート街道をひた走っていましたし、生命保険についてはだれよりも熟知していたので、それなりに発言を尊重してもらっていました。僕にとって温室だったのです。

それが一転、「出口さん、それは違うと思います」「何を言っているんですか、出口さん」と若者たちから突き上げられるのですから、はじめは面食らいました。でも、楽しかったですね。

多様性のある環境で机を並べ、数字やファクト、ロジック、図を使って議論する。お互いの思考をぶつけあい、ベストを探る。

ライフネット生命での経験は、僕自身の考える力を、大きく伸ばしてくれました。

ちなみに、APハウスの生活は文化や価値観の違いから「面食らう」どころか「ぶつかる」ことも少なくないそうです。でも、いざペアを解散するときには、僕のライフネット生命時代のように「たくさんのことを学べた」と言う。

ついぞ分かち合えないまま解散を迎えるペアもありますが、それも「学び」のひとつ。そんな経験を経て、「自分とは違う人間がいる」ということが心の底から理解できるのではないでしょうか。

ここまでの話をまとめましょう。

多様性とは、「ひとりひとりの個性や特徴を尊重し、共に存在すること」である。これからの社会ではより多様性を尊重する流れになり、それと共により思考力が必要となってくる。なぜなら、自分の考えを「数字、ファクト、ロジック、図」をもとに整理し、組み立てて伝えることでしか多様な人たちとはコミュニケーションは取れないからだ。

——多様性と思考力の関係について、理解できたでしょうか。

本書は、「考える」を始めるための本です。次講からはいよいよ「考える」とはいったいどのような行為なのか、その原理原則を確かめていきたいと思います。

第2講

考えるとは、どういうことか

正しく知って、正しく考える

本講のテーマは、「考えるとは、どういうことか」。「考える」を始める前に、「『考える』とはどのような行為なのか」についてお話ししていきましょう。

なにかを考えるとき、何の情報もない、まっさらな状態から思考を組み立てることはできません。その対象、あるいは対象の周辺にある情報を「知る」必要があります。次の事業戦略を考えるのであれば、顧客アンケートを取ったり、他社のリサーチをしたり、現状の数字を用意したりする必要がある。世界平和について考えるなら、各国の歴史や価値観などを学ぶ必要があるでしょう。

「思う」や「悩む」との違いは、この「知る」プロセスが必要かどうかにあります。

そしてその知識のかたまりを、論理的に、飛躍させずに組み立てていくのです。

つまり、はじめに仕入れる知識が誤ったものであれば、どれだけ考えを組み立てようとしても正解にはたどりつけません。

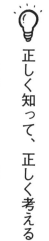

正しく知ってこそ、正しく考えることができる。これが原則なのです。

もちろん、考える力がなくては正しい知識があっても意味がありません。いわば**知識は武器で、考える力はそれを使いこなす筋肉。**立派な刀がなければ戦えないけれど、その刀を手に入れたとして、振り回すだけの力がなければ宝の持ち腐れです。武器と筋肉、両方を手にして武将は強くなっていくのです。

いい武器となる知識と、トレーニングを重ねて手に入れる思考力。

どちらも欠かすことのできないものですが、まずは武器がなければ何も始まりません。

では、どこで正しい「知」を得ればいいか。これは意外かもしれませんが、信頼できる情報というのは、限られた人だけが手に入れられるものではありません。

「自分たちしか知らない真実」は、たいてい偽物です。ここを理解していないと、簡単に陰謀論にハマってしまいます。「隠された真実」に高揚し、自分で情報を集めたり考えたりすることを放棄し、怒りやヘイトを溜めるだけになってしまいます。

公的な調査結果や統計はいまやネットにも掲載されていますし、図書館に行けば専門書や論文など、ファクトが並んだ情報を手に入れることができます。

そういった情報は、ローデータ（見やすいように加工されていないデータ）のことも多く、自分で読み解く必要があります。しかしそこでの労を惜しまず、**意図や思想が「介在していない」情報にあたることを意識してみてください。**

知は力？　無知は力？

さて、「**知は力（Knowledge is power）**」という言葉があります。

16世紀から17世紀にかけて活躍した連合王国（イギリス）の哲学者、フランシス・ベーコンが唱えた、僕の大好きな言葉です。この言葉は文字どおり、「知識（知ること）こそが人間が生きていくうえでの力となる」ことを意味します。

僕は人生の中で、幾度となくこの言葉を実感してきました。たくさんの、そして深い知を持つ人ほど力強く、楽しそうに生きているのです。論理的かつ合理的に考えることができるし、何歳になっても目をキラキラと輝かせて自由に生きている。

しかし、「知ろうとしない人」はその逆です。ぱっと思いつくだけでも、次のとおり。

・ものごとの本質や原理原則を捉えられないから、周りに流される
・問題を適切に把握できないから解決できず、愚痴を吐いたり他人を攻撃したりすることで溜飲を下げる
・世の中のことがよくわかっていないから、選挙などで社会参加が正しくできない

……ひどい言いようになってしまいましたが、自分の人生を切り拓くこともできないし、仕事で活躍することも、社会をよくすることもできないのです。

そんな「無知で無力」な人間の姿とそのおそろしさを描いたのが、ジョージ・オーウェルの小説『一九八四年』。ジャンルで言うとSF。サイエンス・フィクションで

す。

『一九八四年』で描かれているのは、全体主義国家によって統治される近未来の世界です。統治しているのは、独裁者の「ビッグブラザー」。

ビッグブラザーは情報操作を行って「ほんとうのこと」を隠しながら、市民の監視、思想統制といった圧政を敷くことで国を統治しています。市民はそれに黙って従っているわけですが、主人公（職業は〝ビッグブラザーに都合の悪い歴史の改ざん〟です）はその状態に疑問を抱くようになり――。

と、ネタバレになってしまいますから、あらすじはここまで。どうです、おもしろそうでしょう？　高校生でも読めるような作品ですので、興味を持ったらぜひ手に取ってみてください。

ここで注目したいのは、ビッグブラザーの掲げるスローガンのひとつが、「無知は力（Ignorance is strength）」であることです。ベーコンの主張とは真逆です。この場合、無知はいったいだれの「力」になるのでしょうか？

そこに住む市民、つまり僕たちではありません、政府です。**国民が知識を持たないことが、政府が力を持つことにつながる**のです。

正しい知識を持つと、人々は余計なことを考えます。「その制度はおかしいやないか」と権力の批判を行い、従わなくなり、「そろそろ指導者を変えようや」と訴えはじめる。

だからビッグブラザーは、市民に正しい知識を与えないのです。正しい知がなければ、考えることもできないのですから。

「おそろしいことをするやつらだ」と思ったでしょうか？　しかしこれは、フィクションの世界の話ではありません。政治の本質そのものです。

つまり、なにも考えない、文句も言わない、政治家にとって都合のいい市民を育てようと思ったら、「勉強させないこと」がいちばん効果的なのです。はたして、いまの日本がそうではないと言えるでしょうか。

これは決して、陰謀論的な意味ではありません。政治についてきちんと知る努力をしてみんなが選挙に行くと、政治がひっくり返りやすくなる。つまりいま政権を持っている政党にとって、投票率の上昇は望ましくないことなのです（これについては、第6講で詳しくお話しします）。

とんでもない政府や志のない政治家にとって、みなさんひとりひとりの「無知」はおおいなる後押しになります。政治を腐敗させてしまうこと、ひいては国を間違った方向に導くことにもつながるのです。そしてそれは直接、みなさんに返ってくる。理不尽な法律が通るかもしれないし、いつのまにか税金は高くなるかもしれないし、気づいたときには国全体が戦争に向かっていた、なんてことになるかもしれません。

そう考えると、「知ろうとしないこと」が、ちょっと怖いことに思えてきませんか。

余談ですが、ビッグブラザーは「異端」、つまりまっとうな思想を排除するため、語彙を絞り込み、意味をすり替えたあたらしい人工言語（ニュースピーク）を推奨しています。**「豊かな語彙、正しい言葉こそが人間の思考につながる」**といった考えをもとにしていることがわかりますね。

これもまた、そのとおりだと思います。ビッグブラザーの思惑に反して賢い市民であろうと思ったら、多くの語彙と表現を手に入れる必要がある——つまり、たくさんの本を読む必要があるのです。

考えるとはどういうことか

考えるうえで「知」が不可欠なことは伝わったかと思います。ここからは、「自分の頭で考える」準備をはじめましょう。まずは「我思う、故に我あり」という言葉から。

みなさんも聞いたことがあるでしょう、17世紀を生きた哲学者、ルネ・デカルトの著作『方法序説』にある言葉です。

デカルトは、真理を追究したいと強く望んだ人でした。そのために、すべてを徹底的に疑った。疑っても疑っても疑えないものがあるのなら、きっとそれこそが真理だろうと考えたのです。そして最終的に、彼はこう結論づけます。

「自分の周りにある物体の存在も、自身の肉体の存在すらも、疑うことはできる。しかし、こうして思考している『わたし』がここにいること、それだけは疑うことができない。この考えているわたしこそが、たしかに存在しているものなのだ」

つまり、「疑ったり考えたりしているこの自分だけはホンモノだ。真に存在しているものと言える。そうでなければ疑う（考える）ことさえできないはずだ」というわけです。

この「我思う、故に我あり」をひっくり返してみると、**「我思わず、故に我なし」**——**「考えない人は、存在しないも同然だ」**ということになります（僕もそう思います）。

自分で考えない人間は、プログラムされたままに動くロボットと変わりません。僕はみなさんに人間であってほしいし、そのためにも考える人であってほしいのです。

しかし、ここで大きな問題があります。

おそらく多くのひとが、家庭や学校で「よく考えなさい」「もっと頭を使って！」

と言われてここまで育ってきたと思います。しかし、そもそも「考える」とはどうすることなのか、本質や方法論は教えてもらっていない場合が多い。

つまり、考えるとはどうすることなのかよくわからないまま、考えることを強いられてきた。それぞれが、我流でなんとかやってきた。

だから、人によってその質にバラつきが出てしまっているのです。

では、どうすれば「ちゃんと考えている」と言えるのでしょうか？　例をとって説明したいと思います。


みなさんは、学校で「パワハラ」、つまりパワーハラスメントを受けた経験はありますか？

突然の質問に、「えっ、学校で『パワハラ』を？『いじめ』ではなく？」とおどろいたかもしれません。

ハラスメントとは、立場が上の人間が、立場が下の人間に理不尽を押しつけ困らせること。セクハラ（セクシュアル・ハラスメント）やモラハラ（モラル・ハラスメント）、アルハラ（アルコール・ハラスメント）などがあります。
つまり、先の質問は「学校の先生に理不尽さを押しつけられた経験はありませんか？」ということですね。

僕は、中学校や高校の先生方とお話しするときに、必ず次のように伝えています。

「これからはルールの言いなりになるのではなく、自分の頭でルールを考える人間を育てなければなりません」

こう言うと、どの先生も「そのとおりです」と同意してくれます。「それで、どうすればいいでしょう？」と聞いてくださる。すると僕は、こう答えるのです。

「まずは、自分が働いている学校の校則を読んでみてください。そして、ひとつひとつ根拠を考えてみてください。生徒から『どうしてこんな校則があるんですか』と質問されたとき、自信を持って説得できる校則以外は、すべて『パワハラ』だと考えるのです」

力の強い立場の人間が、理由なく押しつけるルールはハラスメントにほかなりません。先生も、校則を当たり前のものとして受け入れるのではなく、疑わなければならない。この校則はおかしいと主張する生徒がいたら、一緒に考えなければならない。それが、自分の頭で考えられる人間を育てる学校になるための第一歩なのです。

――こう言うと、先生方はたいてい面食らった顔をされますね。

「考える」とは、まず問いを持つことからはじまります。「ほんとうにそうだろうか?」と疑い、答えを求めていくのです。次の3つのステップはあらゆる場面で使えます。

1　目の前にある違和感を見逃さない

2　疑ったルールや事象に対して、「なぜ」「どうすればいいか」を考える

3　おかしいと思ったら声を挙げ、説明する

問いを立てる意識は、多様性のある社会では不可欠です。

狭い社会やコミュニティ、近い価値観の人が集まる集団では多くの人にとって「心地良いルール」が適用されてもそこまで問題にはなりませんが、多様性のある場ではそうはいきません。ひとつひとつのルールに合理性や納得できる理由がなければ、不幸になる人が増えてしまいます。

与えられたルールや条件を鵜呑みにせず、「どうしてこの条件が必要なんだろう?」「もっといいルールにできないか?」と考える。

おかしいと思ったら、ただガマンするでも、ただ破るでもなく、変えていく。

そして相手の「声」を無視したり頭ごなしに否定しないことが、これからの時代により求められるスタンスです。

APUに通っている学生のこんなエピソードがあります。

彼女は髪を長く伸ばしていましたが、高校では邪魔にならないようひとつにまとめていたそうです。しかしある日、いつもより高めの位置で結んで学校へ行くと、先生に「もっと低い位置でまとめろ」と怒られてしまった。

そこで彼女は先生に聞きました。

「わたしはロングヘアが好きですが、給食に髪の毛が入ったり床に落ちたりしないよう配慮して、ひとつにまとめています。なぜ上のほうでまとめるのはダメで、低い位置でまとめるのはいいんですか？　目的は同じように達成できますよね？」

すると先生は、なんと答えたか。

「学校では低い位置で結ぶのが常識だろう！」

そう叱りつけ、話を切り上げてしまったそうです。

みなさんはどう思われますか？　面倒な子やな、と感じるでしょうか。

僕は、この学生の姿勢はすばらしいと思いました。ただ反発したのではなく、ルールの意味を考え、そのうえで議論しようとしたのですから。


問わなければ、考えられません。

考えなければ、議論を起こせません。

議論を起こさなければ、いつまでも理不尽を押しつけられる（もしくは、理不尽な

ことがまかりとおった）ままです。

考える人がいなければ、学校も会社も社会も、多様性の時代に適応できず停滞していくばかりなのです。

激変する世の中で、「考える」意味

経済成長を遂げていた日本社会では、考える力はそこまで必要ありませんでした。上司や先輩の言うことを聞き、まじめにすなおに働き、ノルマを達成していればそれなりに出世できた。そうでなくとも、賃金は年々上がっていった。それなりに幸せな人生をまっとうできたのです。

けれど、いまは違います。言われたとおりに働く社員ばかりの会社の業績は伸びないし、給料が上がりつづけることはありません。産業構造が変わったからです。

戦後を経て高度成長期の日本は、トヨタやソニーに代表されるモノづくりが国を押し上げてきました。自動車や電化製品を大量につくって売ることで、猛スピードで経済を成長させたのです。

飛ぶ鳥を落とす勢いの製造業には、1970年時点で1300万人を超える人が従事。これはなんと、日本の雇用全体のおよそ3割を占める数でした。

より多くの工場を、より長く動かし、より多くのモノをつくる。

この「製造業の工場モデル」での経済成長を目指していた時期は、上司の言うことをよく聞く、元気で協調性のある人が求められました。考える力があってこむずかしいことを言ってくる人よりも、体育会系の素直な男性が「求められる人材」だったのです。

しかし現在は、いわゆるサービス産業、中でもIT、医療・福祉といった産業がここ数十年で大きく成長し、社会を動かしています。

とくに、みなさんにとって身近なのはITでしょうか。かつて冷蔵庫・白黒テレビ・洗濯機の「三種の神器」が生活を大きく変えたように、近年ではインターネットやスマホ、ウェブサービスが人々の生活を大きく変えてきました。

ではこれらの産業は、これからどうすればより成長できるでしょうか。

といっても、ピンと来ませんよね。質問を変えましょう。

みなさんが好きなアプリの会社で働くことになったとして、どうすればいい仕事ができると思いますか？　ユーザーや課金する人を増やすことができると思いますか？

上司の言うことを聞く？

違います。**「いいアイデアを出す」**。これしかありません。

たとえ短時間労働であっても、いままでにない画期的なアイデアを出す。これが、「いい仕事」なのです。

フェイスブックも、グーグルも、メルカリも、創業者や社員が生み出したアイデアによって大きくなったサービスだと言えるでしょう。

つまり、これからの社会の中心となるみなさんに求められるのは、長時間労働に耐えられる身体や「はい！」と答える協調性ではなく、考える力であり、アイデアなのです。

激動の時代に、考える力は間違いなくその重要性を増していくでしょう。きっとあなたを守り、助けてくれるはずです。

第3講

どう考えればいいのか

「とは」を考える

第2講では「考えるとは、どういうことか」というテーマで、多様性の基本や本質から、「知」という概念、問いを持つことについてお話ししてきました。ここからは、いよいよ具体的な「思考のテクニック」に話を進めたいと思います。素振りを経て、実際の武器を手に取るイメージですね。

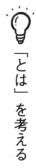

そして「思考」のテクニックがテーマの講ですから、読む（インプット）だけでなく、考えて答える（アウトプット）場面も、ところどころに設けました。ぜひ、自分なりの答えを持って読み進めていってください。

ひとつ目のテクニックは、「とは」がキーワードです。

2018年に刊行された、フランス大統領エマニュエル・マクロンが書いた『革命 仏大統領マクロンの思想と政策』という本があります。

マクロンは、フランス史上最年少の39歳で大統領に就任した若き政治家です。本書は彼の生い立ちから思想、思い描いている未来像までが見事に描かれており、読み応えのある一冊となっています。

じつは、本書を読んで僕がもっとも感心したことこそ、マクロンの考える力。具体的に言うと、「ものごとを定義する力」でした。彼は政策を考えるにあたって、フランス第五共和制の憲法を読み解き直し、国・憲法とはなにかを問い、自分なりに再定義しているのです。

フランス「とは」どんな国か?
↓人々を解放するひとつのプロジェクトであり、それを目指す共和国である
フランス人「とは」どんな人間か?
↓フランス語を話す人のことである
フランス第五共和制の憲法「とは」なにか?
↓人々をよりよく解放しようとするものである

このようにマクロンは言葉の定義を立て、それを前提として、どのように人々を「解放」すればいいかを考えていきました。その詳細なビジョンについてはぜひ『革命』を読んでいただきたいのですが、端的に言うと「プロの政治家ではなく女性や若者、政治のシロウトなど『新しい人』を国会に入れることだ」と述べています。そうすることで、フランスは右でも左でもなく「前」に進むのだ、と。

こうした強いメッセージは、ともすれば夢物語で終わってしまいがちです。言葉遊びで終わってしまうこともある。

しかし、マクロンが国としてのフランス、フランス人、そして憲法の持つ役割をそれぞれしっかり定義し直しているため、地に足がついた揺らぎない言葉になっているのです。「〇〇とは何か」、つまり「そもそもどういうものか」と定義を問うプロセスを経て政策をくみ上げているから、ビジョンや政策が一貫していて破綻がない。「日本にはそんな政治家おらんで!」とおどろいてしまいます。

もちろん、マクロンが一流の政治家かどうかは、何十年と長い目で見なければ答えを出すことはできません。しかし少なくとも、現段階では、世界的に見ても考える力の抜きん出ている政治家ではないかと僕は感じています。

こうした定義を問うてから考える必要があるのは、政治家だけではありません。みなさんも同じです。

たとえば、「自分はパートナーと一緒に生きるべきかどうか？」と考えるのであれば、**「そもそもパートナーとはなにか？」**から問い、定義してみる。そのためには婚姻制度やパートナーシップについて調べたり、パートナーのいる先輩に話を聞いたりして、自分なりの答えを導き出していく必要があるでしょう。

また、「消費税率は高いほうがいいか、低いほうがいいか？」というテーマについて考えるのであれば、まずは一段掘り下げて**「そもそも税金とはなにか？」**と問い、定義する必要があります。そのためには、税金の成り立ちや仕組み、制度の背景を知らなければならないでしょう。

こうしてみると、考える「とは」どういう行為なのかが見えてきますね。

考える対象の定義を疑い、問い直すこと。

たしかな「知」をたよりに原理原則に立ち返る。場合によっては、自ら定義を定めること。

そのうえで、立てた問いに答えを与えていく行為である、と言えるでしょう。

「そもそも社会とは」を考えてみる

ここでひとつ、「考え方の練習」をしてみましょう。

ここ数十年の日本の凋落《ちょうらく》はまちがいのないもので、社会には閉塞感が漂っているとメディアでは語られます。みなさんもそう感じているかもしれませんし、たとえば昨今の政府にまつわる不祥事などを目にしつづけた結果、政治家を信頼している若者は多くはないかもしれません。

しかしそんなときに「政治家なんて信じられない！」と怒ったり、「もうこの国はダメだ」と憂えたりしても、得られるものはありません。自分たちの力で、社会を変えていくしかない。

そのためには、どうすればいいか。まずは社会の原理原則を知らなければなりません。

はじめに立てるべき問いは「どうすればもっといい国にできるのか?」ではなく、「社会『とは』なにか」、「社会『とは』どのように生まれたのか」なのです。

次の文章を読んで、自分なりに問いに答えてみてください。

> あなたが乗っている飛行機が、無人島に不時着しました。命はなんとか助かったようですが、まずは水や食べ物を調達しなければなりません。あるいは雨風をしのぐ場所も探さなければいけないし、長期戦になりそうなら着替えも用意しなければなりません。つまり、「衣食住」が必要です。
>
> では、この衣食住を手に入れるために、どのような行動を取ればいいでしょうか?

きっと、その飛行機に乗っていたみんなで役割分担をするでしょう。自分ひとりで食べ物から寝床まで調達するのは非効率ですからね。食べものを探してくる人、海水から真水をつくれないか試行錯誤する人、飛行機に積んである毛布を切って縫って服をこしらえる人。それぞれ自分の仕事を決め、取りかかります。

そして、各人で作ったものや手に入れたものを交換していくでしょう。自分がこしらえた洋服を、肉と交換する。自分が釣った魚をあげて、寝床を使わせてもらう。そんな具合に、「物々交換」するわけです。

このように仕事を手分けし、協力し助け合うことを「分業」と言います。すべての社会は「分業」からはじまっています。そこに暮らすメンバーがそれぞれの得意なこと、あるいはできることをする。歴史を振り返ってみても、**分業こそが社会、そして文明の生みの親**なのです。

いま僕たちが満喫している衣食住の満たされた「ふつうの暮らし」も、多くの分業によって提供されていますよね？

服を作る人、電気を供給している人、ゲームを作る人、電車を動かす人、子どもたちに勉強を教える人、研究する人。

分業によって生活が成り立ち、社会が回り、豊かに暮らすことができるのです。

「それぞれの市民が、それぞれの持ち場で働いて、価値を提供しあい、享受しあうことで動いている仕組み」

これが社会の、原理原則と言えるでしょう。

同じように、**「お金とは」**――お金の原理原則も考えてみましょう。

前述の通り「分業」で生み出された社会の中で、みんなの働きを等しく交換するため「靴をつくったから大麦3束」「家をつくったから大麦500束」と、食べ物を基準としました。物々交換よりフェアですね。

ただし、食べ物はかさばるし、食べきれなければ腐ってしまいます。だから、「貨幣」をつくったのです。金や銀などの鉱物でつくられた「お金」が発明されたことによって、物々交換より便利に「価値の交換」が行われるようになった。社会は、経済発展の第一歩を踏み出したのです。

「自分ではできないことをだれかにしてもらい、そのモノやサービスを手にするために使うもの」

これが、お金の本質的な価値です。社会を発展させていく役割を担った、お金の原理原則と言えます。では、次の問いはいかがでしょうか。

> 社会が成熟してきて「この街を分断している大きな川に橋を架けよう」となったとき、その橋はだれが作り、だれがお金を払うでしょうか？

大金持ちがドンと支払ってくれるのもいいですが、そこに暮らすみんなが少しずつ出し合うのがもっともフェアな方法でしょう。道路をつくりたい。ゴミを捨てたい。街の子どもたちが過ごす学校がほしい。こうした「金銭的な利益は生まないけれど必要なもの」を作るためには、みんなでお金を出し合うのがいちばんです。

その「みんなで出し合ったお金」こそが、税です。

税とは、**「そこに暮らすみんなが安全に、豊かに、幸せに暮らすために必要な仕事に使うもので、そこに暮らすみんなが負担するもの」**と言えるでしょう。つまり税の基本は地方税で、国税はずっと後の話なのです。

ゴミ集めや道路整備といった公共事業や福祉、子育ての公共サービスを担うために、消費税や働くことで納める所得税などから徴税する。集めたお金を、その街にとって必要な事業に優先順位をつけて分配していく。

これが、自治体や政府の主な仕事です。


このように、考えるときはまず原理原則をあきらかにしましょう。もし原理原則に背いていたら、それは正しいやり方ではないと判断できます。

ひとつずつ、「○○とは?」をベースにした原理原則を突き詰めて言葉にし、定義をかためていく。

これが「考える」の第一歩なのです。

勉強で「考え方」を学ぶ

ふたつ目のテクニックは、「勉強する」。……「テクニックじゃないじゃないか、騙されたー!」と思われたでしょうか? しかし「勉強」には、ベースとなる「知識」をインプットするという働きに加えて、「考え方を学ぶ」という側面があるのです。

義務教育や高等教育を受けるなかで、「なんでこんなこと勉強しないといけないんだろう」と思ったことがある方は多いと思います。数年前には「三角関数なんて教えてどうなるんだ」といった議論もありましたし、「学校での勉強は実生活に役に立たない」「社会に出てから一回も使わない」といった文句は、定期的に耳にします。

しかし**学問は、知識だけでなく「考え方」の宝庫です**。たとえば数学はわかりやすく、論理力のトレーニングができる学問ですね。そのほかにも、考え方を学ぶことができる学問はたくさんありますが、僕のいちおしのひとつが「地政学」です。

「地政学」は世界史や地理などと違って学校の授業で取り上げられませんから、あまり馴染みがないという方も多いかもしれません。でも、最近は地政学の本もたくさん出版されています。社会に出た大人にも、大注目の学問なのです。

そんな地政学は、どんな「考え方」を教えてくれるのか。

「与えられた前提をもとに、状況を正しく把握して考える力」です。

僕は地政学とはなにかと聞かれたら、シンプルに「地理＋歴史」の学問、地理と歴史を結びつけて考える学問だと答えています。

地理とは、A国はどんなかたちで、どこにあって、どんな資源が採れるといった、いわば地球から与えられた「前提」のことです。歴史は、（説明するまでもありませんが）その地域や国で何が起こり、また他国とどのような関係を築いてきたかという「データ」です。

地政学のはじまりは19～20世紀にかけて。天文学や哲学に比べると、かなり新しい学問です。地理学者でもあり政治学者でもあるハルフォード・マッキンダーがその祖で、彼が「地理的条件が政治に与える影響は大きい」と提唱したことが地政学のはじまりでした。戦争における戦略づくりに活かされてきた学問でもあります。

与えられた「前提」は変えられない

あらゆる地理的条件によって与えられた前提は、人間の力では変えられないものです。

たとえば日本が島国であることも、ロシアが広くて寒いことも、ベトナムが中国の隣にあることも、いまから変えることはできません。「なんで日本は海に囲まれているんや!」と不平不満を言っても仕方がない。受け入れて活用するしかありません。

ですから地政学は、国が持っている変えられない条件はなにか、前提を正しく把握するところからはじめます。**自分に与えられた前提を正しく理解する**。まずは「手持ちのカード」をはっきりさせるわけです。

歴史を振り返っても、自分の手持ちのカードをうまく使った国は栄華を極めています。反対にカードを正しく認識できなかった、もしくは使い方を間違えた国は、外交で失敗したり戦争に負けたりしているのです。

では、主な要素として、どのような地理的な前提があるのか？　特徴的なカードを、簡単に見ていきましょう。

・前提①国の大きさ

世界でもっとも面積が大きい国は、ロシアです。この原稿を書いているいま、ロシアはウクライナに侵攻しています。そのロシア人たちにとって、民族的記憶と呼べるほど大きな戦争が過去に2度ありました。ナポレオンによるロシア侵攻と、ヒトラーによるロシア侵攻（独ソ戦）です。

この2つの大戦においてロシアは、自らの巨大な国土にかなった戦いぶりを見せました。どんな作戦だと思いますか？

答えは、焦土作戦です。

焦土とは、草木も建物も焼けてしまった土地のこと。敵国から攻め入れられたらその街ごと焼き払い、国の奥（内陸側）へどんどん逃げて行く。食べものや泊まるところ、資材など、敵兵に取られる前にすべて燃やして逃げる。さらに追いかけられ、また街を奪われそうになったら、同じようにすべて焼き払って奥に逃げる。

通常、敵は春から夏にかけて攻めてくるものですが、時間をかけて逃げているうちに必ず冬がやってきます。冬になれば敵の疲労も重なり、ボロボロになる。撤退を余儀なくされます。

これが昔から続く、ロシアの戦術。ナポレオン相手でもヒトラー相手でも、この戦術を採って勝利を収めています。「広くて寒い国土」という前提を存分に活用しているのがわかるでしょう。

・前提②国のかたち

「連合王国は小さな島国である」。――あなたが15世紀ごろの連合王国の軍師になったとして、このカードからどのような戦略を考えますか？

実際に連合王国が考えた戦略は、「海軍メインでいこう」でした。つまり、陸軍にはそこまで力を入れないことに決めた。

まず、周りを海に囲まれている連合王国は、フランスやドイツと違い、陸地で国境争いをすることがほとんどありません。これが、強大な陸軍が必要ないひとつめの理由です。シンプルですね。

また、連合王国がピンチに陥るのは国土に上陸されるときですから、陸軍の仕事は「海岸線を守る」に尽きます。しかし国土が小さい連合王国は海岸線もたいして長くはないので、そこに兵を割く必要はありません。

さらに連合王国は「緯度が高い（＝寒冷な気候である）」というカードも持っています。農作物を育てるのに適した風土ではなく、世界中からさまざまな作物を輸入しなければならなかった。つまり、海の向こうにアクセスする必要があったのです。陸軍に力を入れる必要がなく、兵力に余裕がある。他国から調達したい作物はたくさんある。

これらの理由から、連合王国は海軍の拡充に力を入れ、植民地支配を進めていきました。活路を外へと求めていったわけです。

・前提③どこにあるか

また、国が存在している場所も地政学を考えるうえで欠かせません。

日本列島を見てみましょう。上の地図が、みなさんがよく見るものですね。この地図をロシアを下にしてひっくり返してみたとき、日本の立地には、どんな特徴があるでしょうか？

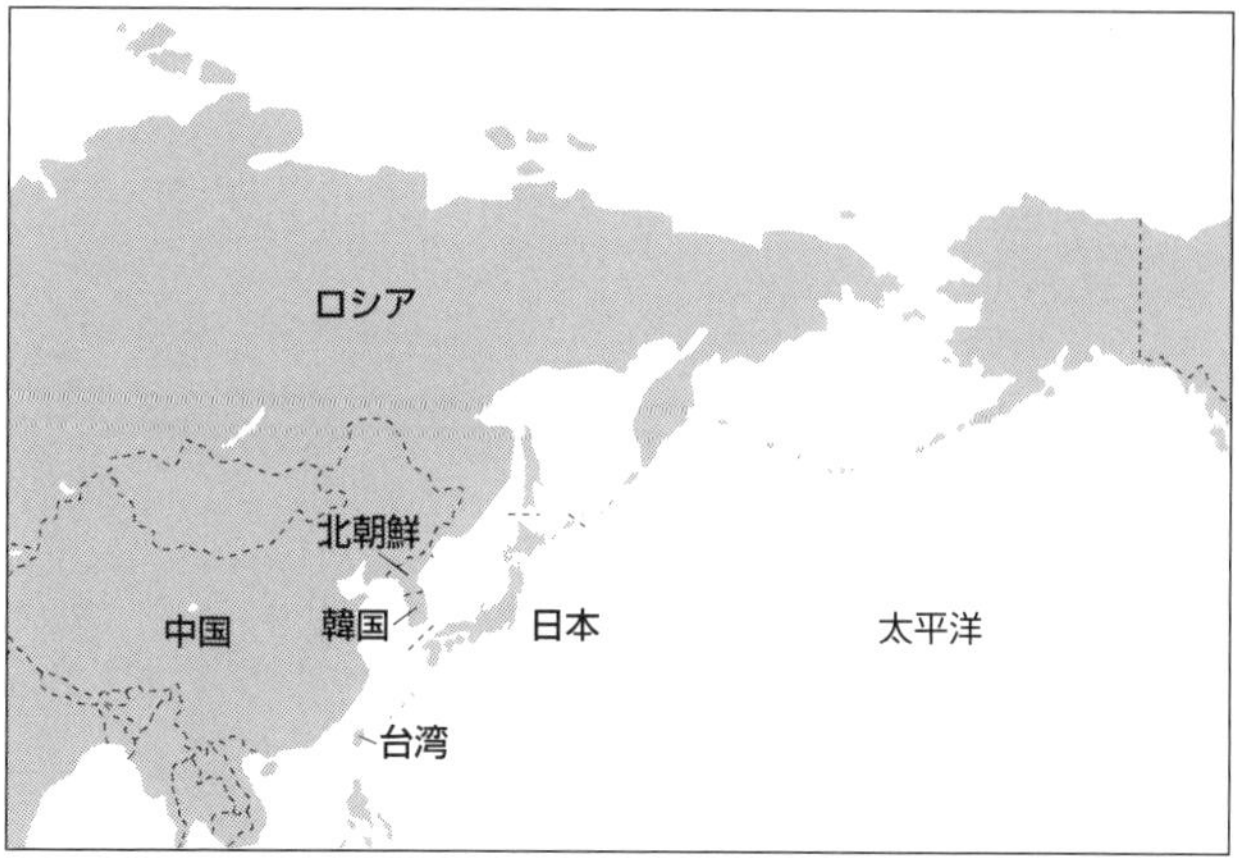
ロシア
北朝鮮
中国
韓国
日本
太平洋
台湾

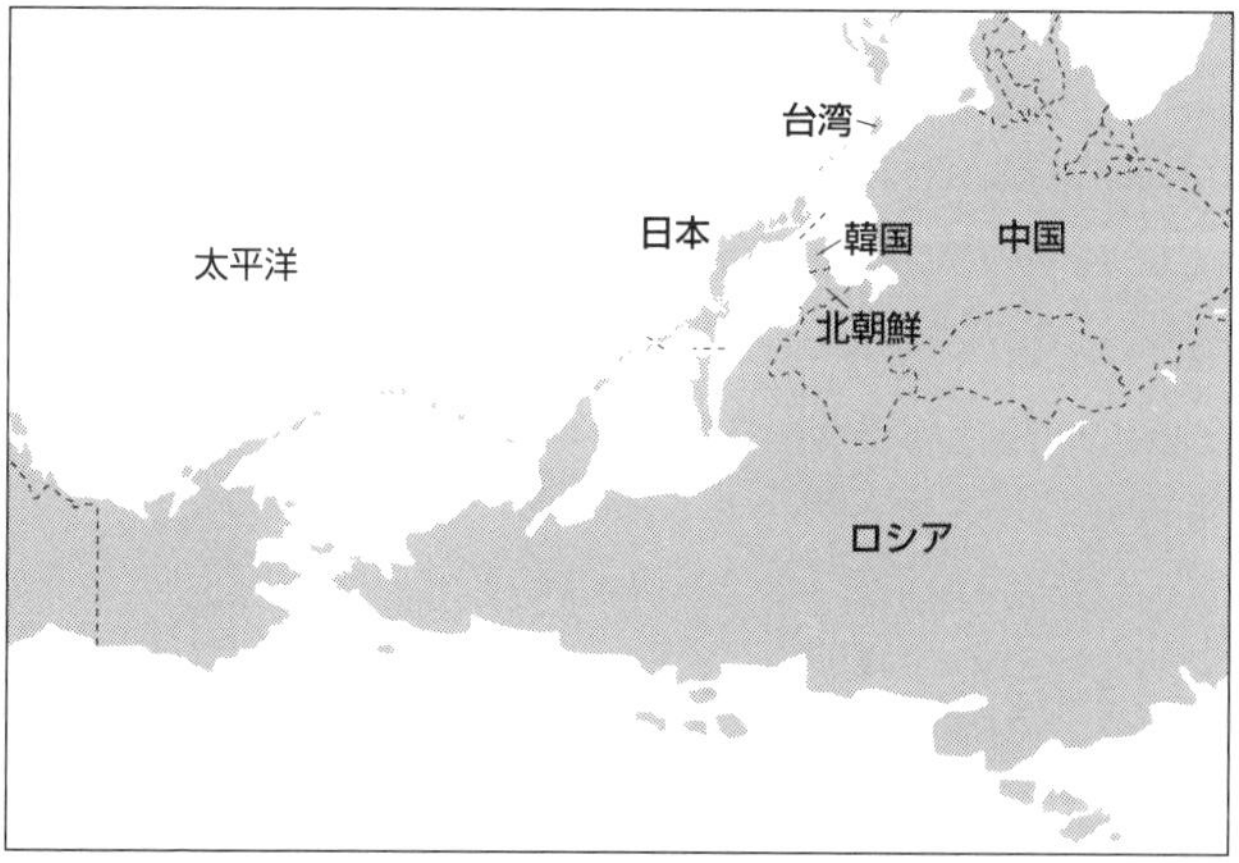
台湾
日本
韓国
中国
太平洋
北朝鮮
ロシア

さまざまな気づきがあると思いますが、ロシアや中国が太平洋に出るにあたって、日本が非常に邪魔な存在であることがわかるでしょう。まるで大陸のフタのようだと思いませんか？

さらに、アメリカから日本を見てみましょう。じつに「ちょうどいい場所」にありますね。日本はアメリカにとって、冷戦で関係が悪化していたソ連（現・ロシア）や中国ににらみをきかせる際の足場として最適だったわけです。

ここに基地を置きさえすれば、ソ連も中国もまとめて牽制できる。アメリカにとって、日本の存在価値が非常に高かったことがわかります。

そしてこれこそが、第二次世界大戦後、日本がアメリカの産業を次々に真似て工業立国となっても、貿易摩擦を起こしても、とことんスネをかじっても、アメリカが日本を甘やかしてくれていた理由です。地政学の観点から、中国とソ連を閉じ込めるために日本と仲良くしておく必要があったのです。

・前提④なにが採れるか

ローマ帝国時代から繰り広げられた、ユーラシア大陸の領土争い。あるいは東南アジアの植民地支配。――あらゆる国の歴史を見ても、日本は他国からおびやかされた経験のきわめて少ない国だと言えます。

なぜおびやかされずに済んだのでしょうか？

島国だから？　長らく鎖国していたから？　日本の武士が強かったから？

違います。日本には、世界商品がなかったからです。世界商品とは、稀少な食べものや鉱物、品物など、世界中から求められる価値あるモノのこと。欲しいモノがあったら、人はどんな危険を冒しても、どんな遠くからでもやってきます。中国にヨーロッパやアジアからどんどん人がやって来たのは、絹やお茶といった魅力的な商品があったからです。

言葉を選ばずに言うと、日本にはみんながほしがる価値あるモノが、ほとんどなかった。極東までわざわざやってくるほどの魅力がなかったわけです。

ただ、そんな日本も、一時的に世界商品である硫黄が採れたこともありました。「火薬をつくるのに必要な硫黄がほしい」と、モンゴルの人たちがはるばる海を渡ってやってきた事件がありましたよね?

そう、13世紀に2度起こった蒙古《もうこ》襲来《しゅうらい》。いわゆる元寇です。あれは、いわゆる資源戦争だったのです。

また、安土桃山時代には石見銀山の銀を求めて、ポルトガルやスペインの商人たちがやってきたこともありました。石見銀山はピーク時には世界のおよそ3分の1の銀が採れていましたから、世界中から「モテモテ」だったわけです。

では、そんな日本が、江戸時代にはなぜ鎖国できたか?

単純な話で、まさに鎖国を完成させようというころ、ちょうど銀を掘り尽くしてしまったからです。世界からすれば、欲しいモノもなくなって用済み。「鎖国する?別にええで、どうぞどうぞ」。もしほんとうに欲しい商品があれば、歴史上あらゆる国がそうされてきたように、無理やりにでも門をこじあけられていたでしょう。

こうして他国から侵略されることのなかった日本ですが、国を閉じている間に世界では「連合王国の産業革命」と「アメリカの建国・フランスの革命」という二大イノベーションが起こり、世界から取り残されてしまいます。

日本の手持ちのカード、「世界商品の不在」は、ある意味幸せで、ある意味不幸な条件だったと言えるでしょう。

僕自身を振り返っても、APUをどんな大学にしていくかを考えるとき、自然と地政学的な発想をしていたように思います。というのも、学長に就任してまず考えたのが「APUの手持ちのカードは何か。その強みと弱みは何か」でしたからね。**「前提」を無視して理想ばかりを妄想しても、負け戦になるとわかっていたのです。**

強みでいえば、世界でも有数の多様性のあるキャンパスや、世界中に点在する同窓会組織のグローバルな絆（同窓会組織は海外に27、国内に10あります）。

弱みでいえば、別府市の山の上にあり、周りにほかの大学が存在しない立地。

こうしたカードを広げて、どうすれば強みを最大限に生かせるのか、生かし切れていないところはどうテコ入れすればいいか、弱みをフォローするためには——と考えていったのです。こうした「地政学的なものの考え方」のおかげで、さまざまな改革を矢継ぎ早に打てたのではないかと思っています。

たとえば、シリコンバレーのように多種多様な人が集まる場だからこそ、２０１８年に「起業部」を立ち上げました。また、２０２３年に新設されたサステイナビリティ観光学部は、一大観光地である別府の「強み」を生かして構想を練ってきました。まさに手持ちのカードをどう活用するかに、脳みそをしぼってきたのです。

勉強は知識を得るだけでなく考え方を磨くレッスンにもなる、ということが伝わったでしょうか。

よりよく思考するための三種の神器

どうすれば、「考える力」をつけることができるのか?

このシンプルな問いにひと言では答えられませんが、考える力は筋肉のようなものです。地道に積み重ねていくことでしか力をつけられないのは、間違いありません。

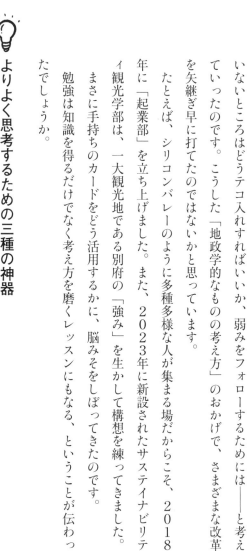

知り、学ぶ。問い、考える。面倒くさがらずにこのプロセスを辿りましょう。

たとえばニュースを見ながら「国連ってそもそもどういう存在だっけ？」と疑問を持ち、定義を確認してみる。そのうえで、「これはおかしくないかな？」と問い、自分の考えを持つ。面倒かもしれませんがその作業から逃げず、考える練習を重ねてほしいと思います。若いみなさんなら、すぐにコツをつかめるでしょう。

ここでもうひとつ、「どう考えるか」の具体的なテクニックをお伝えします。

僕の提唱している思考のツール、**「タテ・ヨコ・算数」**です。

これはあらゆる問題に対応できるうえに一生使える優れものですから、ぜひとも身につけてほしいと思います。

タテ

まず、タテとは**「歴史」の時間軸**です。昔の人はどう考え、どう決めてきたのか。

「えぇー？　スマホもない、テレビもない、ぜんぜん違う時代の人の話なんて参考になるの？」

そう思うでしょうか。たしかに、ここ数十年だけ見ても、社会は大きく変化しています。それ以前の生活など想像できないくらいです。

ところが、変わっていないものもある。それこそが、人間の脳です。**人間の脳は、じつはここ1万年ほどまったく進化していない。**だから先人の知恵は、アテになるのです。

「産後うつ」をご存じでしょうか。子どもを産んだお母さんが赤ちゃんの世話をする中でうつ症状に陥ってしまうことで、社会が抱える問題のひとつです。どうすれば産後うつを防げるか、これまで多くの人が考えてきました。

しかしこれは、タテの目で見ると当たり前の症状だと言えます。なぜなら人間は古来、集団で育児をしてきたからです。

つまり人間の脳は1万年前から、集団で子育てをするようにできている。お母さんが密室で、親族やご近所、社会と関わらずに子育てに孤軍奮闘してきたことなど、人類史上例がありません。

産後うつとは「脳が求める子育て」とあべこべな子育てによって生まれる症状であり、決してお母さんの甘えではない。ましてや、努力や気質の問題ではないのです。

こうした知識を持っていれば、産後うつ対策は「いかに一人で子育てさせないか」「どのようにして赤ちゃんをお世話する人を増やすか」が最大のポイントになることがわかるでしょう? すると、お母さん本人、そのパートナー、行政に関わる人たちそれぞれが取るべきアクションが見えてくるはずです。

ヨコ

ヨコとは、「世界」。**ほかの国や地域を参考にする**のです。

なにか解決すべき問題を抱えたとき、自国の状況だけを見て必死に議論しても、井の中の蛙にすぎなかった……ということは多々あります。

地球上にはたくさんの国があり、それぞれの問題をそれぞれに解決して国をよりよくしようとしているわけですから、視野を広げて海の向こうから学ばせてもらいましょう。いま、自分たちが抱えているのと同じような課題に直面し、すでに解決してきた国があるかもしれません。

たとえば、「少子化」。いま、日本は世界一の少子高齢化社会で、ものすごい勢いで人口が減ってきています。人口が増えれば働く人も消費する人も増えるし、人口が減ればその逆になります。できれば少子化は食い止めたい。しかし、打つ手が思いつかない。

こういうときには、ヨコを見てみましょう。「少子化を克服した国はないか？」と探してみて、そのデータを参考にするのです。

たとえば、制度によって少子化を克服したと言われる国にフランスがあります。合計特殊出生率が1993年には1・66を記録したものの、2010年には2・02にまで回復（その後また、ゆるやかに低下してきていますが）。ここにヒントがあるはずだとフランスの妊娠や出産に関するデータを集めていくと、あるファクトを見つけました。

第一子を産む年齢と初婚年齢を比べると、なんと前者のほうが若いのです。つまり日本と違って、フランスでは結婚してから子どもをつくるという「常識」がないんですね。

フランスの女性は、妊娠したからといってイコール結婚とは考えません。G7のほかの先進国も同様です。この子の父親であるボーイフレンドが自分の生涯のパートナーにふさわしい男性か、赤ちゃんの親としてふさわしい人間かどうかをまず見極める。そして、「この人なら大丈夫やな」と判断したら、ようやく結婚するわけです（しかも、「この人なら」と思っても結婚しないカップルも増えています）。

これには、1999年にフランスで制定された「PACS（パックス）」も関係しています。「同性または異性の成人2名による、共同生活を結ぶために締結される契約」で、簡単に言ってしまうと同棲以上、結婚未満のパートナーシップ制度です。出産や子どもに関する家族手当は、結婚と同様に受給できます。

2018年の数字を見ると、法律婚が23万4735組に対し、PACS締結数は20万8871組です。

どういうことかと言うと、フランスの女性にとって、子どもを産み育てるための前提が婚姻にはないのです。付き合いが浅いとか、まだ早いといった理由で避妊することは当然あるけれど、「そろそろ子どもができてもええな」と思ったらそのタイミングで子どもをつくる。そのとき結婚していなくても関係なく、です。

つまり「子どもが欲しい女性が産むタイミングを計る」壁がないのです。

こうした社会を実現させるためには、PACSのような制度のほか、「赤ちゃんが生まれることはとにかくめでたい」とする社会全体の空気づくりも大切ですし、なにより経済的な安心感があることが大前提です。具体的にいえば、女性が経済的に自立していることが大切です。働いて、自分の稼いだお金で食べていける状態にあることですね。

そして出産・育児にお金がかからないことも肝要です。それを満たすためにフランス政府は、子どもができても仕事を続けやすい制度を整備し、出産や育児、そして教育にかかるお金の多くを負担しているのです。それもデータを紐解けばわかります。

では、なぜフランスをはじめヨーロッパの国々は多くの貴重な税金を使ってまで、妊娠出産にまつわる制度を手厚くするのでしょうか？

……歴史（タテ）を見れば、人口こそが国力であることは自明だからです。人口を増やせば国が栄える。だから、政府がお金と手間を投じる。とてもシンプルですね。

ちなみに、一方の日本はどうか。

現状、結婚してから子どもを産むのが「ふつう」だと言われています。けれど産めるとき、産みたいときに子どもを産めない国では、少子化は加速します。子どもって、授かりものですからね。

さらに日本はまだ、女性のキャリアと妊娠・出産が天秤にかけられがちです。出産・育児に関する費用もある程度は助成金が出るとはいえ、親の負担が大きい。子育ての負担は女性にのしかかる傾向にある。子どもを連れて街に出れば、子育てをしたことのないようなおじさんに怒鳴られることもある。

これじゃあ、子どもを産もうとは思えないでしょう。かつての政治家にヨコを見る目さえあれば、と思わずにはいられません。

ヨコの目を持たない政治家たちがいくら議論を交わしても、問題は解決には向かいません。モタモタしているうちに手がつけられなくなってしまいます。

視野を広げてヨコを探れば、どこかに問題を克服したお手本があるのです。そこから学ばない理由はないと思いませんか？

算数

タテ・ヨコに加えて忘れてはいけないのが、「算数」です。先ほど、「自分とは違う人」とのコミュニケーション法についてお話ししたときに出てきた「数字」ですね。

あらためて説明すると、印象論や「なんとなく」ではなく、**数字やエビデンスを見**

よということです。エビデンスは日本語にすると「科学的根拠」。わかりやすく言えば**「だれが見て考えても同じ結論に至るデータ」**です。

さて、問題です。人間にとって、もっとも怖い動物はなんでしょうか。

ライオン、人食いザメ、ピラニア……。いろいろ思いつくでしょう。

たしかにいずれも、怖い動物です。でも、これは「国語」の発想。大きいから怖い、牙が鋭いから怖い。これは人間の主観であり、感想です。

これを「算数」で考えると、答えはまったく変わってきます。87ページのデータを見てみましょう。

もっとも人間の命を奪っている「殺し屋」は……そう、蚊です。あの小さな、どこにでもいる虫が、なんと年間72万人もの人間を殺している。

そして次は、人間です。戦争などの武力行使を除いても、人によって命を奪われる事件は年間で47万件も起こっています。

では、ライオンはどうでしょうか。40万件も死亡事件を起こしているでしょうか？

とんでもありません。ライオンの殺人数は年間100人。サメにいたっては、たったの10人です。

このように、算数で見るのと国語で考えるのとでは、結果はずいぶん違うことがわかります。国語で議論すると「おれはライオンが怖い」「いや、私はサメだと思う」と平行線ですが、算数で議論すれば「蚊」と一瞬でわかるわけです。

もうひとつ、「算数」の例を出しましょう。以前、高校生を対象に社会についての講義を開いたのですが、そこである女子生徒が「日本は政治家の数が多すぎるからアカン」と発言しました。みなさんは、彼女の意見に賛成ですか？　反対ですか？

この答えもまた、データにあります。人口100万人あたりの国会議員の数を見てみましょう。

連合王国が22・5人、フランスが14人、そして日本は5・6人で、世界ランキング168位。なぜか日本は政治家が多いイメージをもたれがちなのですが、人口100万人あたりの数で見てみると少ないほうなのです（ただし議員報酬は高いので、その

「算数」のデータでみると
もっとも人間の命を奪っている
「殺し屋」は……

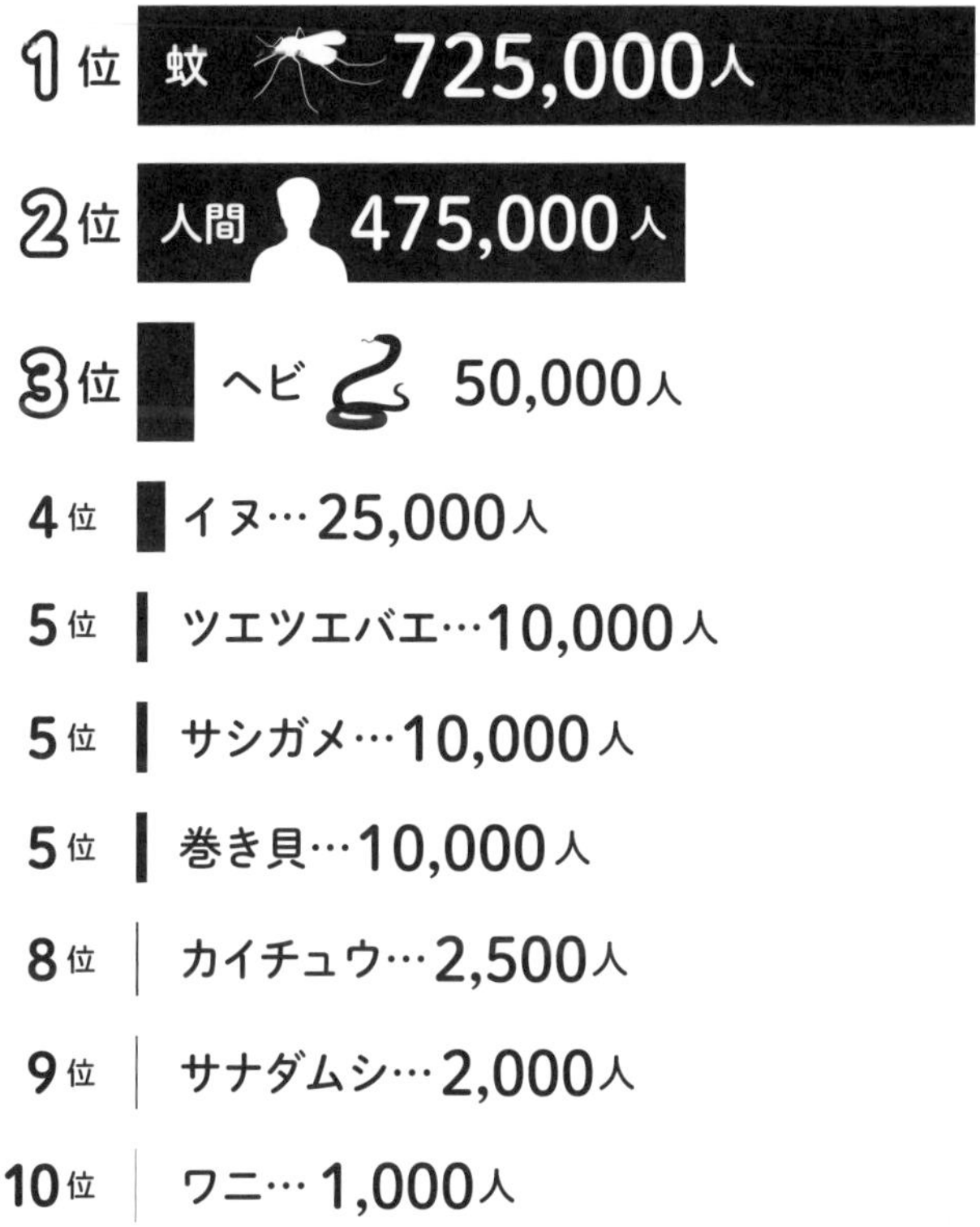

参考：GatesNotes

イメージが強かったのかもしれません）。

「タテ・ヨコ・算数」で考えるクセがつくと、冷静にものごとを判断できるようになります。

ニュースやSNSの意見を見て、反射的に同調したり反対したりしてしまうときは、ひと呼吸置いて「ほんとうに？」「どのデータだろう？」と立ち止まって調べてみてください。歴史や海外のケース、公に発表されている信頼できるデータを調べる習慣をつけてみてください。そうして時間をかけて考えてみると、いままでいかに「考えたつもり」だったかを痛感することと思います。

頭のよさについて「地頭がいい・悪い」などと言われることもありますが、生まれつきの問題ではありません。

誠実に、手間をかける姿勢こそが、考える力を育てるための鍵。

考える力は、伸ばすことができる――これは、朗報ではないでしょうか？

データでみると
日本の国会議員は本当に多いのか？

	国・地域	人口百万人あたりの国会議員数	国会議員議席数	人口
1	サンマリノ	1,907.91人	60人	31,448人
2	ツバル	1,518.83人	15人	9,876人
3	パラオ	1,386.37人	29人	20,918人
4	リヒテンシュタイン	677.05人	25人	36,925人
5	モナコ	634.40人	24人	37,831人
6	マーシャル諸島	626.97人	33人	52,634人
7	キリバス	449.43人	46人	102,351人
8	ドミニカ国	444.43人	32人	72,003人
9	アンティグア・バーブーダ	388.95人	35人	89,985人
10	セーシェル	358.85人	32人	89,173人
⋮	⋮	⋮	⋮	⋮
-	世界平均	84.94人	239人	37,206,980人
⋮	⋮	⋮	⋮	⋮
168	日本	5.63人	717人	127,338,621人

参考：世界ランキング　国際統計格付センター

三種の神器「タテ・ヨコ・算数」を使って、ひとつ練習問題です。

お題は、**「日本の未来は暗いのか?」**。

とくに少子高齢化で肥大する社会保障費の増大、それに伴う制度崩壊に関しては、しばしばメディアでも取り上げられることです。先ほどの「税の原理原則」でいえば、「給付が負担を大きく上回っている状態」ですね。

まずは、ファクトの把握から入りましょう。

高齢者1人を養うために何人の若者が必要かを示した、「支援比率」という言葉があります。若者が高齢者を持ち上げているイラストを見たことがあるでしょう。あの概念をあらわす言葉ですね。

社会保障制度が完成して数年後の1965年には、9・1人で1人のお年寄りを支えていました。ところがこの「胴上げ型」から、次第に若者5~6人で支える「騎馬戦型」に変化していき、いまや若者2人で1人のお年寄りを支えています。心許ない「騎馬戦型」です。

そして2050年には「肩車型」、つまりおよそ若者1人で1人の高齢者を支えるようになると言われています。みなさんが社会の中核となるころには、お年寄り1人の生活を支えなければならないのです。想像すると、ちょっとしんどいでしょう。「だから、日本の未来は暗いのだ」といった意見はメディアでもよく見かけるところです。しかしほんとうにそうでしょうか？

この説には、ひとつ、思い込みがあります。それは「若者がお年寄りを支えるべきである」という前提です。

だって、年齢を重ねたすべての人を若者が支えなくてはいけないなんて、よく考えたらおかしくありませんか？　お金を持っているおじいさん、おばあさんもいれば、お金を持っていない若者もいるのですから。

現在の「若者がお年寄りを支える」社会保障の思想は、決して当たり前ではありません。少し前の時代の人間の都合にあわせてつくられた、ひとつの制度にすぎないのです。

ではどうするか。ここで、世界（ヨコ）に目を向けてみましょう。

かつてヨーロッパ諸国は日本より先に少子化が進んでいたのですが、20世紀末ごろに社会保障に対する考え方を変えることで、社会の在り方を大きく変化させました。**社会を年齢で分けることをやめ、「困っているか、困っていないか」を基準にしたのです。**

若者が無条件に高齢者の面倒を見るのは、もうやめよう。その代わり、年齢にかかわらず「困っていない人」がお金を出し合い、「困っている人」を助けよう、と。

「若者がお年寄りを支える」いまの日本の制度では、「困っている若者」が「困っていないおじいさん」を支えるといった、ちぐはぐなケースも生じてしまいます。たとえば働きざかりと呼ばれる年齢でも、低所得のシングルマザーは「困っている人」でしょうし、年齢的にはおじいさんでも資産の蓄えがたくさんあれば、「困っていない人」と言えるでしょう。

「困り度」にかかわらず、若者が支払う税金で老人の暮らしを支える日本型の仕組み

高齢者（65歳以上）を支える
現役世代の人数は変化している

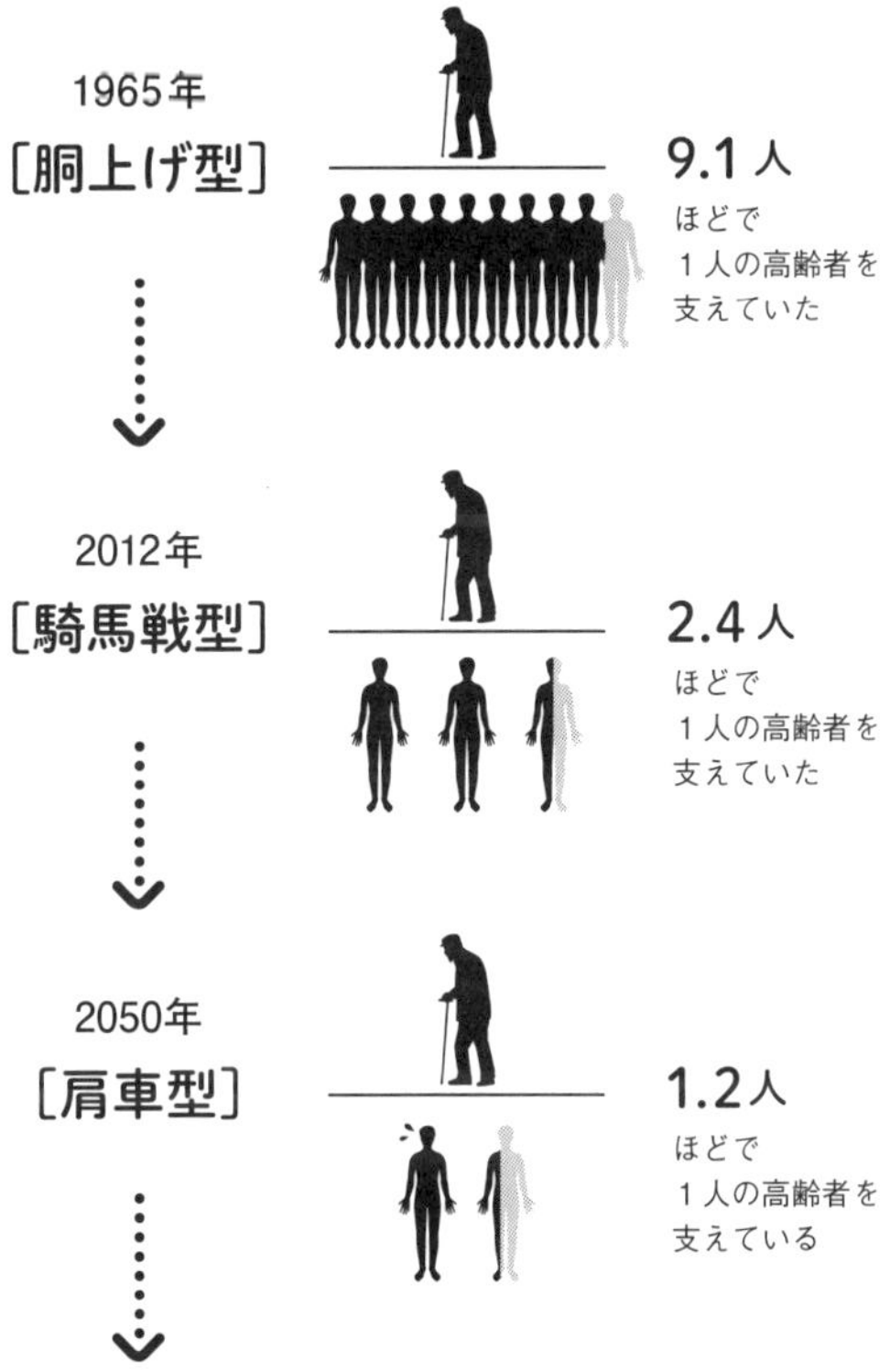

これ以降は大きな変化はなくなる

参考：厚生労働省「今後の高齢者人口の見通しについて」

を、英語で「ヤング・サポーティング・オールド（Young supporting old）」と言います。

一方のヨーロッパのようなやり方は、「オール・サポーティング・オール（All supporting all）」。「みんながみんなを支え合う社会」です。

後者のヨーロッパ型の場合、「負担」を集める方法は消費税（あちらでは付加価値税と呼んでいます）しかありません。仕事はリタイアしたけれど財産をたくさん持っているお金持ちからは、所得税（一年間働いて得たお金に紐付く税金）を集めることはできないからです。

年齢にかかわらず、たくさんお金を使うお金持ちから多くの税金を取るため、ヨーロッパ諸国では買い物のときに15～27パーセントと、日本の感覚では非常に高い税が課されているのです。みなさんもヨーロッパに旅行に行ってレシートを見たら、びっくりすることでしょう。

じゃあ日本も「オール・サポーティング・オール」にすればいいじゃないか、と思いますよね。

ところが日本では、このやり方に反対を唱える人が少なくないのです。それはたいてい、消費税の増税に反対する人です。「オール・サポーティング・オール」を実現するためには、ヨーロッパ諸国のように高い消費税をかける必要がありますからね。

「生きていくために必要な物資の消費税が上がれば、所得の低い人の生活が大変になる。不公平だ。消費税の増税は弱いものイジメだ！」

「いままで以上に、高所得者からどんどん税金を取ればいいじゃないか！」

一度は耳にしたことのある議論かと思います。

さあ、自分の頭で考えてみましょう。これらの主張は、合理的でしょうか？


まず感情的に、消費税が増えるのは嫌なものです。収入は変わらないのに、出ていく分だけ増えていくのは困ります。

それでも、社会を持続させるために「オール・サポーティング・オール」に舵を切るためには、所得税率よりも消費税率を引き上げるのが正しい選択だと断言できます。

なぜか。お金持ちは、お金の使い方が文字どおりケタ違いだからです。

もちろんそうでない人もいますが、基本的には、所得（いくら稼いだか）と消費（いくら使うか）はおおむね比例します。たくさん稼ぐ人は、10万円するディナーを食べたり、1000万円の車を買ったり、1億円の家を買ったりするわけです。

それにお金持ちは、日々の生活における消費も大きい。今月の食費を計算しながら特売の品に手を伸ばす庶民を尻目に、食べたいときにはためらわず、和牛でも高級メロンでもなんでも買い物カゴに放り込む。その財力があるわけです。

うらやましいですよね。しかしそのすべてに消費税がかかると考えたら？　1000万円の車一台、1億円の家一棟に消費税がいくらかかるか、計算してみてください。

そう、それが、「困っている人」を守るお金になるわけです。

お金持ちがお金を使えば使うほど、困っている人を助けるお金になる。消費税は決して「弱いものイジメ」ではないし、むしろ「弱いもの助け」とも言えるでしょう。

みなさんが生きる社会は、かつてのヨーロッパ以上——いえ、それどころか世界一の少子高齢化社会です。そもそも、もはや「ヤング・サポーティング・オールド」が成り立たないことは自明です。

しかし、ヨコ――先輩諸国がトライし、しかも成功しているやり方があるのです。決して絶望的ではありませんよね。あとは、やるかやらないかです。

年齢で社会を分けず、がんばれる人が困っている人を助ける。

シンプルで、明るい社会になると思いませんか？

――これが、僕が自分の頭で考えた結論です。みなさんの考えはどうでしょうか。

本章の最後に、考えるスキルをどう身につけるかについて、あらためてまとめます。

1　「社会とは」「お金とは」など、考える対象の定義を問い直す

2　地政学など、特定の学問で考え方を学ぶ

3　「タテ・ヨコ・算数」、つまり「歴史、世界、数字」で考える

すべてを一気にやろうと思わず、できるところから始めてみてくださいね。地道に続けることが、考える力をつける唯一の、そして確かな道なのです。

第4講

考えることを阻害するアンコンシャス・バイアス

なぜ自分の頭で考えられないのか

世の中には、「考える」ことを促すための本やセミナー、動画などがあふれています。しかし、なかなか真に「考えられる人」は増えていないようです。多くの人が「思考のスタートライン」に立てていない。果たして、なぜでしょうか？

そこで本講では、「なぜ我々は上手に考えることができないか」の最大の理由とも言える、あるテーマについて触れていきたいと思います。

それが、考えることを阻害する「アンコンシャス・バイアス」――「無意識の偏見」です。

このバイアスこそ、我々の思考を阻む最大の敵と言っても過言ではないのです。

アンコンシャス・バイアスは主に、属性に対する根深い偏見のことを指します。**「ステレオタイプな価値観」**や**「根拠のない思い込み」**と言い換えるとイメージしやすいかもしれませんね。

たとえば、次のAさんとBさん、どちらが「お母さんぽい」でしょうか。

Ａさんと B さん、お母さんぽいのはどっち？

またフレッシュな若者Aさんと40代の男性であるBさん、どちらが「部の飲み会をセッティングすべき」でしょうか。

直観的に、どちらもAさんを選んだのではないでしょうか？　みなさんのその無意識の選択こそがアンコンシャス・バイアスです。前者は「お母さん」という属性に対しての、後者は「若手社員」という属性に対しての偏見です。

こうした無意識の偏見は、思わぬところに潜んでいます。僕の友人に鹿児島出身の女性がいるのですが、彼女がこんなことを言っていました。

「鹿児島出身って言うと、すぐお酒が強いでしょって言われるんです。あと、男尊女卑の県だから大変でしょうって。鹿児島の人間が全員お酒に強いはずないし、東京にも差別的な男性なんて山ほどいますよって言ってやるんですけど」

県民性もわかりやすいバイアスのひとつかもしれませんね。「秋田の人は寡黙や」とか「京都の人はいけずや」とか、自己紹介を聞いたときになんとなくイメージしてしまう人間性。

日本人らしい、男性らしい、老人らしい、母親らしい、スポーツ選手らしい、政治家らしい、長男らしい、A型らしい。こうした**「らしい」、「らしさ」という言葉には、さまざまなアンコンシャス・バイアスが付随しています。**

こうした偏見は、その人の本質を覆い隠すことにもつながります。ですからビジネスの現場では適切な評価や人事を阻む、生産性を下げるといった理由で近年注目を集めていて、性別、年齢、国籍、人種などについてのアンコンシャス・バイアスを取り払う研修なども盛んになってきました。2016年には、アメリカ政府の人事局が従業員全員（280万人）にアンコンシャス・バイアス研修を受けさせると発表して話題を呼びました。

大坂なおみときゃりーぱみゅぱみゅから見るバイアス

新型コロナウイルス感染症の騒動によってもうすっかり記憶のかなたにある方も多いかもしれませんが、2020年にはアメリカを中心に、Black Lives Matter（ブラック・ライブズ・マター／BLM）と呼ばれる人種差別抗議運動が起きました。

BLMは「黒人の命は大切だ」「黒人の命も大切だ」「黒人の命を粗末にするな」な

どと訳されています（黒人という言葉自体も差別的とされ、アフリカ系と言われることも近年は多くなってきました）。

もともとＢＬＭは、２０１２年に起こったある事件に端を発します。黒人の少年トレイボン・マーティンさんを正当性乏しく射殺した白人の自警団員が、裁判で無罪になった事件です。このときもおおきな社会問題となり、デモなどが開かれました。

しかし、人種差別は根深い問題です。明るみに出たからといって、簡単に解決するわけではありません。以来、白人による黒人への暴力事件などが起こるたび、人々は「ＢＬＭ」を掲げてデモを起こし抗議活動を繰り返してきました。

そして２０２０年、黒人男性に対する白人警官の残虐行為が起こったことを機に（ショッキングな動画とともに拡散されました）、ＢＬＭのムーブメントはアメリカ最大規模となります。そしてアメリカだけでなく、世界各地でこの事件に抗議するためのデモが実施されました。

日本でも数千人規模のデモが起こり、連日のように報道されたこのＢＬＭですが、その中で波紋を呼んだスポーツ選手がいたことをご存じでしょうか。

プロテニス選手の、大坂なおみさんです。

ちょうどBLMが盛り上がっていたころニューヨークで開かれた全米オープンにて、彼女は試合のたびに異なる名前が記された黒いマスクをつけて登場しました。そのマスクに書かれていたのは、白人による人種差別的な暴力の被害にあった黒人たちの名前。

彼女はその黒いマスクによって、自分もBLMに賛同していることを表明し、人種による差別行為に対してはっきりとノーを示したのです。彼女自身、取材に対して「みんなで議論してほしかった」とコメントしています。

しかしこの行為に対して、日本のメディア、あるいはSNSからは、次のような意見が飛び出しました。

「若い女が社会問題なんかに口を出すな」

「スポーツ選手の本分を忘れるな。スポーツに専念し、打ち込めばいいんだ」

「デモのような意味のない活動を支援するのか、過激派だ」

こうした発言について、みなさんはどう思われますか？

僕は率直に、「またしょうもないことを言って」と思いました。これらは「スポーツ選手は本業に邁進していればいい」という、スポーツ選手という属性に対するアンコンシャス・バイアスによる発言。「スポーツ選手かくあるべし」といったイメージ、思い込みによるものです。

また、デモは極左のやることだ、といった思想もバイアスそのものでしょう。同様に、政治や社会問題に口を出す人は怖い、気性が激しい人だというイメージも、社会が我々に与えてきたバイアスです。

芸能人でも同じような構図の騒動が起こっています。

以前、歌手のきゃりーぱみゅぱみゅさんが政治問題についてツイートしたところ、大坂なおみさんと同じように、アンコンシャス・バイアスに囚われた人から揶揄や攻撃が殺到したのです。中には、「無知な若い女ががんばって口を出してみたんだね」

と嘲笑を隠しもしないもの、「歌手は歌手らしく歌っておけばいいんだ」と暴論を吐くものなど、考えた痕跡のない、見るに堪えないコメントが集まりました。

もし彼女が男性で、30代以降で、知的な雰囲気の――たとえば東京大学卒の俳優だったら――こうしたコメントは決して集まらなかったでしょう。

僕は、「若い」「かわいい」「おしゃれな」「小柄な」「女性」「歌手」が政治に口を出すことを「ふつうではない」と思うひとがこれほどいるのかと、あらためてこの国のアンコンシャス・バイアスの根の深さを思い知りました。

彼女たちは「テニス選手」や「歌手」である以前に、ハイチ系アメリカ人を父に持つひとりの女性であり、日本に暮らす一市民です。「個人」なのです。

それなのになぜ、彼女たちに「役割」を背負わせ、「個人」であることを剝奪できると考えるのでしょうか？

そもそも、スポーツも芸能も職業のひとつにすぎません。いわば、一般的な会社員と同じ立場のはずなのに、「本分」に集中しろという言説がまかりとおるのはおかしなことです。これは、飲料メーカーに勤めている人がＳＮＳで政治的意見を発信したときに、「お前はビールのことだけ考えておけばいいんだ」と言っているようなもの。こう書けば、その発言が「考えられていない」ことは、誰にでもわかるでしょう。

生存するためにバイアスは生まれた

では、なぜバイアスは生まれてしまうのでしょうか。僕たちのＤＮＡに組み込まれたものなのでしょうか？

違います。**バイアスは、脳みそが生み出すものです。**

脳はそれまでの人生で得てきた経験、あるいは見聞きしてきたことをベースに物事を判断する性質を持ちます。これは脳にかかえるエネルギーを節約するためで、人間が生存するために身につけた力だと言えます。パターン予測しなければ、一回一回、目の前の情報からすべてを判断しなければならず、脳のエネルギーを食ううえに意思決定のスピードも落ちてしまうからです。人間はバイアスを持つよう進化してきたのです。

人間の脳は、偏見を持つようにできている。

これはある意味、仕方がないことです。しかし日本社会はこのバイアスが強すぎるため、そこから抜け出す機会が少なすぎると僕は感じています。バイアスに陥っていることにすら気づけない。そのせいで思考停止になっている大人がずいぶんと多いのです。

大切なのは、だれもがバイアスを持っていることを意識すること。それが考える行為を阻害していることを自覚することです。

たとえば自分が反射的にあるイメージを抱いたら、「なぜそう考えたのか」を分解し、「ほんとうにそうなのか」を考えるくせをつける。脳に負荷はかかりますが、「疑う」パターンが次第にできていくはずです。

また、多様な人たちと出会うことで、バイアスから解き放たれることもあるでしょう。「時間をきっちり守るインド人の友だち」や「お酒の弱い鹿児島の友だち」がひとりいるだけで、違う世界が見えてくるはずです。

あなたは社会常識でできている

なぜ僕たちはバイアスにまみれた存在になってしまうのか。まっとうに考えることができないのか。もう少し突っ込んでお話ししたいと思います。

キーワードは、「構造主義」です。

構造主義は20世紀に活躍したフランスの社会人類学者、クロード・レヴィ＝ストロースを創始者とする、**「人間の意識は属している社会の産物である」**という考え方です。

僕たち人間は常に、例外なく、どこかの歴史、地域、社会に属している。それら社会構造によってものの見方や感じ方、考え方、行動はある程度決められてしまう。我々は自分が思っているより、じつは自由に思考できない存在なのだ──と。

レヴィ＝ストロースは、「人間はだれしも自分の意志で主体的に生きられるのだ」と主張する「実存主義」に反対するかのように、この考えを生み出しました。

「構造主義」と専門用語にするとむずかしい感じがしますが、次のように言われたらどうでしょうか。

「君が持っている常識や価値観は、君自身の脳みそがゼロから作ったものだろうか？」

これに対しては、明確に「ノー」と言えるでしょう。赤ん坊のころから現在に至るまで、接してきた親やきょうだい、先生、友だち、あるいは育った国や町、触れてきたテレビ番組や本、ＹｏｕＴｕｂｅなどのカルチャー、さらには景気、ニュース――さまざまな社会の影響を受けていることは、明白でしょう。

自分にとっての「ふつう」や「当たり前」は、生きてきた時代や社会や周りのひとたちの「ふつう」や「当たり前」に影響されています。その社会が持つ前提や、是とするものに、染まっていってしまうのです。

つまり我々は、「いまの日本社会の影響」を受けつづけることで、アンコンシャス・バイアスを育てつづけているわけです。

刷り込まれてきた「当たり前」

とくにメディアからは、その影響を強く受けることになります。

たとえば、テレビ。ほとんどの番組の司会は男性で、アシスタントは女性です。子ども向けの教育系テレビ番組も、そのような組み合わせが多く見られるのではないでしょうか？

また、情報バラエティ番組で「それでは、○○大学病院の××先生にご登場いただきましょう」とアナウンサーが告げると、たいてい年輩の男性が出てきますね。

もちろん、実際に社会的地位の高い人には男性が多いという構造的な問題もありますが、多くの人はこうした「画面」から情報を摂取し、それを「当たり前」だと思い込んでいきます。幼いころから少しずつ、たくさんのバイアスを刷り込まれてしまうのです。

ほかにも、「若者は政治に興味がない」といったイメージも、メディアに植え付け

テレビ番組では、司会者は男性でアシスタントは女性のことが多い？

られたアンコンシャス・バイアスのひとつだと言えるでしょう。選挙があるたびに投票率を発表し、「今回もまたこんなに低かった」「政治不信極まれり」「若者の選挙離れ」と報道されるのですから。

その結果、「どうせ政治は変わらない、だから『ふつうの若者』はあきらめている、選挙に行かないのが『ふつう』なのだ」と「若者と政治」に対するバイアスを持つようになってしまう。若者たちも政治に対して無力感を抱いてしまうし、政治に対して熱心な友人をどこか引いて見てしまうようになるのです。

このように、日本におけるアンコンシャス・バイアスの根深さについては、メディアの責任が大きいと言えます。メディアの人たちが勉強をせず、アンコンシャス・バイアスの存在に気づかず、ステレオタイプな役割を「年長者」「女性」「男性」、あるいは「アイドル」「スポーツ選手」といった属性に押しつけつづけるから、日本社会にはバイアスが広がり定着していくのです。

共同体を作るうえで、メディアが果たす役割は多大です。

だからこそメディアは、第3講で伝えたように、論じる対象の定義（「とは?」）をあらためて問い直すところから始め、「原理原則」をしっかり伝え、考える人間を育てる気概を持たなくてはならないはずです。決して派手ではなくとも、視聴率が伸びなくとも、知的な市民であるために必要な情報を繰り返し伝えてほしいと思います。

たとえば報道の基準をつくり、どれだけ儲けにつながろうとアンコンシャス・バイアスを増長するような発信はしないと腹をくくる。いまの社会にあるアンコンシャス・バイアスに気づき、それを覆す発信をする（すぐにできそうなところでは、司会を女性にする、特定の国や地域へのイメージを刷り込むようなコンテンツづくりをやめるなど）。

そうなるためには、**受け手の「このメディアは不勉強ではないか、この表現はバイアスに基づくものではないか」という厳しい目も必要です。**市民が勉強し、賢くなることで、発信側の背筋を伸ばすのです。

そう、自分たちを「無知は力（Ignorance is strength）」の状態に置かないことですね。

一度根付いた偏見を社会から取り払うのは、むずかしいことです。しかし、以前に比べれば薄まってきた偏見もあるように、みんなの意識が変われば社会は変わります。また、多様な人たちと接することで、アンコンシャス・バイアスは減っていくでしょう。

メディアと、受け手。両方が適切に疑い、声を挙げ、行動を変えることで、アンコンシャス・バイアスは少しずつほぐれていき、「考える」ことができる人が増えていく。社会は成熟していくのです。

人間はグラデーションにすぎない

もうひとつ、アンコンシャス・バイアスに関連する問題についてお話しします。

「男と女は、性質や特徴、得意なことこそ違うけれど、平等だよ」

「白人と有色人種は、肌の色こそ違うけれど平等だよ」

このように、「あくまで異なる存在だけれど、機会や扱いは平等にしなければならない」といった主張を、「異質平等論」と呼びます。

この異質平等論は一見フェアなようですが、だからこそ厄介なバイアスのひとつです。しかしあまりに根深いため、賢い人に言っても、なかなかピンと来ないことが多いのです。

実際いま、「なにがおかしいんだろう?」と思われた読者の方も多いかもしれません。「『違うけれど平等』の何がいけないのだろう?」と。


異質平等論の、何が問題か。

端的に、**平等を語っているようで、たとえば人間を「男」と「女」、「白人」と「有色人種」のふたつの型(属性)にはめてしまっていること**です。「違うけれど平等だよね」と言っている時点で、「わけている」。線を引いている。**個人が持つ個性ではなく、属性ゆえの違いが前提にされているわけです。**

たとえば「男性と女性は違うけれど平等」論には、LGBTQ+の方が入る余地がありません。無意識のうちに、「それ以外」を排除する考え方なわけです。フェアなようでいて、じつは抑圧的で排他的な考え方と言えます。

また、この「違うけれど平等」論は、「わける」思想を前提としています。そのため、男らしさや女らしさ、白人らしさや黒人らしさといった「らしさ」を助長する思想でもあります。アンコンシャス・バイアスの連鎖が起こってしまうのです。

では、我々は、平等についてどのように考えればいいのでしょうか。ヒントは、「多様性」にあります。

「個人差は、すべての差分を超える」

多様性については、このように考えるのがグローバルスタンダードになっています。地球上にいる約80億人全員が違う存在であり、それこそがダイバーシティの根幹であるという考え方です。先ほどの大坂なおみさんやきゃりーぱみゅぱみゅさんは「個人」より「職業」が認識されてしまったわけですが、個人差を上回る「違い」などないのです。

この考え方がピンとこない人は、「グラデーション」のイメージを持つといいでしょう。80億人が持つそれぞれの資質や能力すべてが、1番から80億番まで列になるイメージを。

80億人を……

・背が高い順に並べる
・100メートル走の速い順に並べる

どちらも、ただ並べるだけで列は「わけない」のです。性別でわけない。国籍でわけない。年代でもわけない。こうして1人目から80億人目までが全員、「同じ列」に存在するイメージを持つことが、平等を考えるうえではとても大切です。

このグラデーションの列は、資質、能力といったあらゆるポイントで、数えきれないほどあります。その列の集まりこそが、社会をつくっています。

社会はグラデーションでできている、とも言えるでしょう。

「まだ若いのに優秀だ」といった言葉を耳にすることも多いですが、年齢は関係ありません。ただ「優秀な列」の前の方にいるだけです。

「男性なのに手先が器用だ」「女性なのに豪快だ」も、性別は関係ありません。ただ「器用な列」と「豪快な列」の前の方にいるだけです。

この列の発想を人事部が持てば、年功序列の発想はなくなりますし、女性の「ガラスの天井（女性というだけである一定のライン以上の社会的立場を得にくいこと）」も砕け散るはずです。

自分の平等観に不安があるのであれば、まずはこの「1本の列」を意識することからはじめるのがいいと僕は考えています。少なくとも、異質平等論に囚われているあいだは、ほんとうの意味でフラットに物事を見ることはできないのです。

我々は、考えることに対してきわめて不自由な存在です。アンコンシャス・バイアスからも、構造主義からも、メディアの刷り込みからも、なかなか逃れられないものです。

80億人を100メートル走
の記録順に並べたら、
性別や年齢の関係ない列ができる

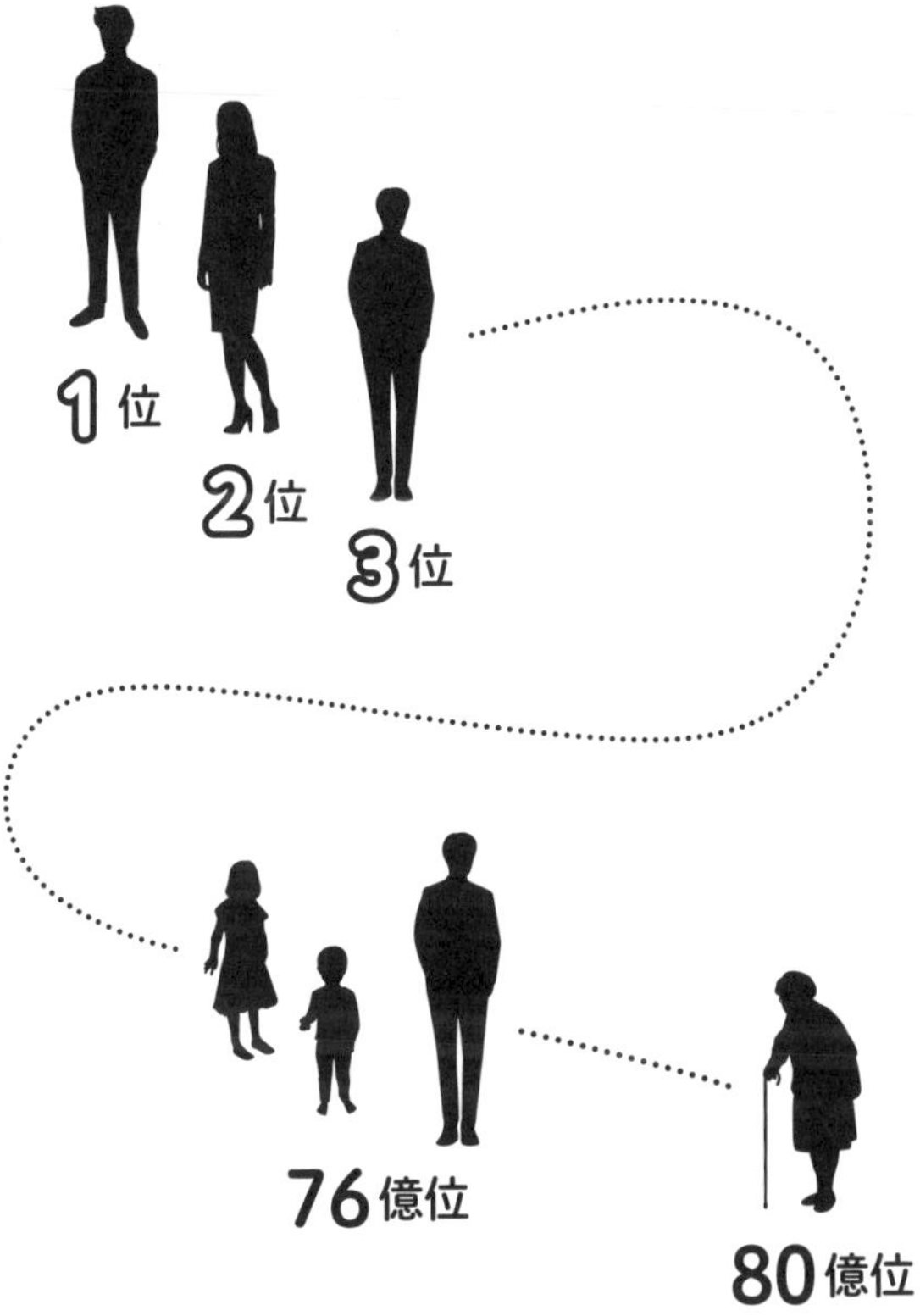

まずは、**「自分の意識は社会の産物だ」「自分の意思でものごとを決めているなんて勘違い」**と謙虚になりましょう。自分が「育った環境に、いまいる環境に、生きている社会に染まっている状態」であることを自覚することが第一歩です。

「ふつう」「当たり前」「伝統」「らしい（男らしい・女らしい）」といった言葉。社会に蔓延する「そんなもん」。メディアによってつくられた思想。

これらを耳にしたら立ち止まり、「ほんとうにそうだろうか？」と問うてみてください。そこにはきっと考えるヒント、そしてよりよく生きるヒントが隠されていますから。

補講　男女差別こそが、日本が抱える問題の根幹

男女差別が社会をダメにしている

考えることを阻害する、アンコンシャス・バイアス。

僕はその中でも、男女差別につながるアンコンシャス・バイアスはとりわけおおきな問題だと考えています。

ここで言い切ってしまいましょう。

男女差別こそが日本社会が抱えるあらゆる問題の根幹である、と。

この社会には、あまりにも男女差別につながる――そのほとんどが、女性になにかを強いることになる――アンコンシャス・バイアスが多すぎるのです。この世の中の半分は女性であり、その半数が理不尽に不利益を被っている状況が、社会のためにな

るはずがありません。この本を書くことで、みなさんの中の無意識な男女差別を少しでも溶かすことができれば……というのが、本書の隠れたテーマでもあります。

みなさんは男女差別に関して、どれくらい理解があるでしょうか。

「男女差別なんて大げさじゃないの?」「差別じゃなくて『区別』じゃないの?」という人から、「女性として自分も無意識に役割を背負っていた」「自分は男性だが女性の立場の低さは問題だと思っている」などアンテナの高い人まで、さまざまでしょう。でも、前者のような考えを持っていたとしても仕方がありません。いま、男女の問題について、多くのひとは社会常識に「操られている」状態ですからね。最近ではずいぶん意識も変わってきましたが、まだまだ足りない。社会をひっくり返すくらい、価値観を変えていかなければならないと思います。

たとえば、「家事や育児、介護は女性がメインでするもの」といった性分業の感覚も男女差別のひとつです。この2023年という時代に、「家事や育児を〝手伝う〟」なんておかしな発言をする男性もいるでしょう? あくまで俺はサブなんだ、と言わんばかりの言葉選びです。

しかしこれは、「男性は外、女性は家」という、いわばこの瞬間の日本社会の常識に囚われている発想だと言えます。ホモ・サピエンスの歴史を見ると、家のことも子育ても、男女関係なく群れのみんなで行っていたことなのに。

価値観は、普遍的ではない

ひとつ、おもしろい話があります。

近年、日本企業でも赤ちゃんや子どもを連れて職場に行く試みが少しずつ広がってきているのをご存じでしょうか。これ、じつは海外ではありふれた光景で、世界中の国会には赤ちゃん連れで議会に来ている議員の姿がよく見られます。

こうした子連れ出勤に関するニュースを見たある夫婦の男性（父親）が、妻である女性（母親）になにげなく聞いたそうです。

「君の職場は子どもを連れて行けそう？」

すると女性は、やや怒りながらこう答えました。

「どうして私が連れていくことに決まっているの？　あなたが連れていけばいいじゃない！」

こう返された男性は、ひどく驚いたそうです。「男親である自分が会社に連れていくなんて、考えたことがなかった！」と。

これは僕の知り合いの女性が、自分たち夫婦のやりとりをフェイスブックに書いていた内容です（女性は「夫をしっかり教育しなければ！」と息巻いていました）。まさに日本社会をあらわしているなと、おもしろく読ませてもらいました。

この男性と同じように、いまの日本では多くの人が無意識に、育児や家事、また介護は女性の仕事だと思っています。

ところが世界を見てみると、先進国ほどそうした性分業の認識はありません。以前はそうだった社会もどんどん変わってきています。会社における役員の数も、政治家における女性の割合も、どんどん増えてきています。

価値観とは、普遍的なものではありません。あくまでいまこの社会での価値観に過ぎない、流動的なものなのです。

かなり「やばい」ジェンダー・ギャップ指数

男女格差を国別に比較したジェンダー・ギャップ指数を見てみましょう。

日本は、146か国中125位です。

……名目GDPでは世界3位の経済大国が、ですよ? ちょっとショッキングな数字でしょう。日本は女性の社会的地位がものすごく低い国だと、世界から判断されているのです。

これは、ほかのランキング下位の国にあるような「女性に選挙権がない」「女性は外出するときに肌を見せてはならない」といった、社会の仕組みや宗教上のルールといったわかりやすい差別ではありません。制度上は、きわめて平等です。

ではなぜ、こんなランキングになっているのか。性別を理由に仕事を限定したり、行動や態度を制限したり(「女子はこうあるべき」などですね)、女性の能力を正当に評価しなかったり、出世させなかったりといったことがごくふつうにまかりとおる、社会構造の問題です。

実際、国際会議のニュース映像を目にすると、日本だけ突出して女性が少ないのがよくわかります。経済界の偉い人も政治家も男性ばかり。女性が社会のリーダーになれていないのです。男女で能力差はありませんから、あくまで社会意識の問題です。

これからの日本は、それを「おかしい」と思える人、声を挙げられる人を増やし、「性別によって役割が規定されない社会」を目指さなければなりません。北欧やドイツ、フランスのように、女性が国の中心でバリバリ働く姿を子どもたちに見せたいものです。

また、日本が抱えるもっとも深刻な課題のひとつである、少子化は、この男女差別によって引き起こされている問題だと僕は考えています。「女性はこうあるべき」「女性はこういうもの」といった社会全体のバイアスが、ことを悪化させていると。だって、女性や母親に対する決めつけ、抑圧の強い社会で子育てをするのは、純粋に大変じゃないですか。僕だってイヤやなと感じると思います。「働きながら子育てするのは大変そうやし（実際、妊娠・出産で離職するのは女性ばかりです）、家事育

ジェンダー・ギャップ指数（2023）
上位国及び主な国の順位

順位	国名	スコア
1	アイスランド	0.912
2	ノルウェー	0.879
3	フィンランド	0.863
4	ニュージーランド	0.856
5	スウェーデン	0.815
6	ドイツ	0.815
15	英国	0.792
30	カナダ	0.770
40	フランス	0.756
43	アメリカ	0.748
79	イタリア	0.705
102	マレーシア	0.682
105	韓国	0.680
107	中国	0.678
125	日本	0.647
126	ヨルダン	0.646
127	インド	0.643

日本はジェンダー・ギャップ指数で
１２５位に。数字は０が完全不平等、
１が完全平等を示している

参考：男女共同参画局「ジェンダー・ギャップ指数（GGI）2023 年」

児は自分のほうがメイン担当になりそうやし、母性神話なんてわけのわからないものもあるし……」と、ネガティブな想像がふくらみます。

妊娠・出産したら自分がしんどくなるのが目に見えている。だから子どもは産んでも1人か2人でいいと考える。あるいは子どもは持たず、夫婦ふたりでそれぞれ仕事に打ち込みつつ楽しく生きればいいやと考える。ごく自然な流れでしょう。

そもそも、そういう社会では結婚だって魅力的なプランには思えないかもしれません。苗字を変えるのは面倒くさいし、お世話する人が増えるなんてゴメンだわ、私だって忙しいのよ、と。

社会の歪んだバイアスが、少子化の一因となっている。これは間違いないでしょう(もちろん子どもを産むかどうかは個人の選択で自由ですから、決して「産み育てることが正しい」なんて言うつもりはありません)。

ちぐはぐな「男女平等」

さらに、経済がうまく回っていない原因のひとつにも、男女差別があると言えます。

なぜなら、サービス産業のユーザーは7割が女性だと言われているからです。

第2講で社会が製造業中心からサービス産業化したと言いましたが、つまり、現代社会では、女性がメインの消費者です。美容カテゴリのように、女性がメインのユーザーである分野はたくさんあります。

ところが、日本経済を動かそうとしているのは、どんな人たちか？　50〜70歳のおじさんばかりです。ちょっといま、この本を閉じて経団連のホームページを開き、「役員名簿」をクリックして写真を見てみてください。あまりにも高齢の男性ばかりで、おもしろいですよ。若者や女性のいない世界を見ているようです。こんな先進国は、日本くらいでしょう。

もちろん、おもしろがっている場合ではありません。これは、サービス産業化する社会において、ものすごい勢いで需給のギャップが生まれているということです。だって、50〜70歳のおじさんが、20代の女性がほしいものがわかると思いますか？　次世代が求める社会をつくれると思いますか？　僕は「ノー」だと思います。

こうした課題は90年代から注目されてはきました。が、残念ながら日本は、正面きって男女差別を解消しようとしてきたとは言えません。1999年に「男女共同参画社会基本法」が制定されましたが、充分な成果をもたらしていない。

だいたい、もはや耳慣れてしまったので違和感がないかもしれませんが、「男女共同参画社会」はとてもあいまいな言葉だと思いませんか？「男女平等法」とわかりやすく腹の据わった言葉を用いれば、我々市民の意識のさらなる変革も期待できたでしょう。

おおきな力を持つ産業界が男性中心の社会しかイメージできなかったから、あるいは日本の中枢を守る保守派が「男女平等」や「差別をなくす」といったストレートな言葉を嫌ったために、妥協して「男女共同参画」などといういいかげんな言葉をつくったのではないか――そんなふうに疑ってしまいます。

「男女は平等である」

「性差別や性分業をなくそう」

そんなスローガンを掲げずに「男女共同参画」でごまかそうとするのは、さながら第二次世界大戦の「敗戦」を「終戦」と呼び替えたのと同じです。忖度社会で言葉を大事に扱わないのも、日本社会の特徴かもしれませんね。

子どもたちは毎日、社会常識のシャワーを浴びています。いま、若い首相や女性閣僚が活躍している北欧の子どもたちと、年老いたおじさんばかりが政治や経済を仕切っている日本の子どもたちは、日々受けている情報が全然違う。

この子どもたちが20~30年後、それぞれの国を担っていくわけです。これが共同体の怖いところだと言えるでしょう。

明治維新が転機となった

しかし、日本は古来、女性が社会で活躍していない国だったかというと、そういうわけではありません。持統《じとう》天皇や北条政子、江戸時代にも将軍の母などが時代の転換点で大きな存在感を放っていました。

転機が訪れたのは明治維新でした。欧米にならって国民国家をつくろうというときに、その国家のコアに「天皇制」とセットで「家制度」、つまり家父長制（家族の統率権が男性に集中している形態）を据えたことです。

そして同時に、国民は天皇の子どもであると定めた。つまり、天皇が日本全体の「家長」となったわけです。

家では旦那という家長が存在し、国には天皇という家長が存在する。その家長たる存在に、家族や国民は従わなければならない。……そんな思想がつくられたこのタイミングで、婚姻制度も夫婦同姓に改められました。

しかも、こうした思想を社会的な制度として成立させるため、明治政府は朱子学の論理を借りてきます。

朱子学とは、男尊女卑を絵に描いたような学問です。男性が偉くて上、女性は下。「子どもは親に従い、嫁いだら夫に従い、老いては子に従う」という言葉に象徴されるような、「女は従え」という思想。

これらが明治時代にじわじわと浸透していき、現代につながる男尊女卑の文化が根付いていったわけです。この段階で、いまの社会が抱える男女差別の50パーセントは作られたといっていいでしょう。

では残りの50パーセントはいつ作られたか。第2講の最後でお話しした「製造業の工場モデル」を戦後に確立させるときです。農業では男女の区別なく働いていたのが、工業化が進んだことによって「男性が働き女性が家を守る」神話が生まれたのです。

戦後復興のためには、疲れない機械と共に長時間働く、体力と筋力のある男性が必要でした。そんな激務の男性を支えるために、女性に家にいてもらう必要があった。「専業主婦」の存在が不可欠だったのです。

男性は外で、女性は家で。この性分業により、男性はひたすら働き、家では「メシ、風呂、寝る」の生活を送ることができました。学校教育でも、男子は「技術科」を、女子は「家庭科」をそれぞれ学ぶ時期もあったのです（1993年から男女必修に）。

この夫婦像が国家の理想の家庭ですから、政府は収入のない妻が払う税金を安くする「配偶者控除」を用意し、「三歳児神話」をでっちあげます。

ここで、女性と男性に主従関係ができてしまった。女性は社会から切り離されてしまったのです。

「天皇制と家父長制」、そして「性分業」の2つが桎梏《しっこく》（手かせ、足かせ）になって、男女差別が生まれている。その結果、ジェンダー・ギャップ指数125位という、負の称号をもらうに至った。これが、日本の現在地です。

しかし辿ってみれば、長い歴史の中で**男尊女卑はほんの100年程度の思想であり、専業主婦は50年程度の文化。決して、日本人のアイデンティティではありません。**

だからこそ、これからまた変えていけばいいのです。かつて明治政府が変えたように、みなさんの力で、男女平等の社会につくり変えていけばいい。

社会常識は、たった数十年で変えることができるのですから。

若いみなさんは、上の世代の人たちほど男女差別的な発想は持っていないでしょう。しかし、「自分たちはそんな古くさい考え方はしないよ」と思うだけでなく、年上の人から誤った常識を押しつけられそうになったとき、しっかり反論できる人であってほしいと思います。

さらに自分たちの下の世代のためにも、意見を言い、社会を変える人であってほしいのです。

もちろん反論は感情的に、ではありませんよ。「タテ・ヨコ・算数」に基づいて、自分の頭で考えた論を展開していただければと思います。

第5講

「勉強」こそが、バイアスを壊す

どのようにバイアスを外していくか

ここまで、いかにアンコンシャス・バイアスが社会全体にはびこっているか、人からまっとうに考える力を奪っているかをお話ししてきました。

では、アンコンシャス・バイアスに囚われず、まっすぐに物事を見よう、考えよう、となるわけですが、ちょっと待ってください。

そもそもアンコンシャス・バイアスとは、「無意識」の偏見ですよね？　無意識レベルだからこそ気づきにくく、解決に時間がかかるのが、この問題の特徴です。自分が無意識のうちに持っている偏見には、なかなか気づくことはできないでしょう。

そこで第5講では、アンコンシャス・バイアスを外すための具体的な方法について、お話ししていきたいと思います。

アンコンシャス・バイアスを外す「人・本・旅」

どのように、無意識の偏見に気づき、それを克服していくか。

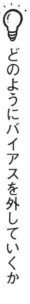

その方法こそが、「勉強」です。勉強こそが、人を自由にするのです。

「ええーっ、勉強⁉」と思われたかもしれませんが、いわゆる机上の勉強とは違います。

勉強とは、「人・本・旅」の3点セットです。

僕はさまざまなところで、人間は「人・本・旅」を通してしか学べない、と主張しています。それは、自分の狭い頭の中、あるいは自分の半径数メートルに限られた常識から飛び出て、さまざまな知を得ることができるから。**広く深い、本質的な世界を見ることができるから**です。

つまり、「人・本・旅」で学べば学ぶほど、思い込みも、決めつけも、消えていく。アンコンシャス・バイアスが消えていくのです。

さらに、「人・本・旅」で得た「知」は、自分の頭で考えるための材料にもなります。バイアスを取り払った状態で、正しい知識をもとに考えることができる、理想的な状態と言えるでしょう。

人

たくさんの人と出会い、多くの考え方や価値観、文化に触れることです。多様性に触れることで、自分の幅も広がっていきます。

人間は、他人から学ぶ生き物です。自分とはちがうタイプの人と触れあい、考えを吸収することで、多くの刺激と学びを得られます。

その中できっと、自分で思ってもいなかったアンコンシャス・バイアスにも気づくでしょう。反省することも、膝を打つこともあるでしょう。そうした経験があなたを、より知的でより豊かな人間にしていくはずです。

APUのほとんどの学生は、はじめは寮生活を行う、と第1講で話しました。バックグラウンドが違う国や地域で育った相手に自分の考えを整理して伝え、同時に歩み寄り、お互いの文化や考え方を理解しようとする姿勢が学生を育てていると強く感じます。

APUは授業もユニークで、さまざまな思考や思想に触れることができます。それまで政治にまったく興味がなかった——すべてに対して興味関心が薄く、目的意識の低かった——日本人学生が、「インドネシアに戻って女性初の大統領になる」と意気込むクラスメイトとディスカッションする中で、自分も政治家への道を志すようになった、なんてこともしばしば起こります。

人から学び、影響を受け、世界を広げることができるのです。

一方で、似たような考え方、価値観、経済力を持つ人たちが集まっている場（同質集団）は、たのしく快適ではありますが、刺激や学びはあまり多くありません。

たとえば幼稚園から高校・大学までつづく私立の一貫校に通っていた人は、似たような家庭環境（家族関係、経済状況など）で育った友だちが多いはずです。知らず知らずのうちに考えが凝りかたまっていた、はじめて自分と家庭環境がまったく違う人と出会ったときはおどろいた、という経験がある方もいることでしょう。

こうした集団では、アンコンシャス・バイアスがより強化されてしまう傾向にあります。「よい」と思うもの、「悪い」と思うもの、進学や就職に対する考え方といったさまざまな価値観が似通ってくるからです。

だからこそバイアスを外し、考える力をつけるためには、**意識して「いつもと違う人」と会う必要があるのです。**学校や会社を飛び出し、「自分と違う『当たり前』を持っている人」とコミュニケーションを取る努力をする、その姿勢が大切です。

同質集団で生きてきた人は、こうしたコミュニケーションをはじめは面倒に感じるかもしれません。阿吽の呼吸、同調、共感が生まれにくいため、友だちになれないと感じることもあるかもしれません。でも、その「違い」こそが、学びなのです。

それに、生まれ育った環境がまったく違う人、自分が触れたことのない分野にやたら詳しい人、自分とは正反対の価値観の人——自分の知らなかったことを教えてくれる人と話すのは、シンプルに楽しいことですよ。

大切なのは、**「自分と違うこと」を否定しないこと。**ぜひその違いを楽しんでください。

ちなみに僕は日本生命に勤めていたころ、MOF担と呼ばれる対大蔵省（現・財務省）との折衝《せっしょう》（交渉やかけひきをすること）担当でした。そのため社内の上司や同僚ばかりでなく、官僚はじめ他業種のビジネスパーソンら、幅広い人と付き合うことができました。この経験が、あらゆる知見を広める機会になったことは間違いありません。

また、連合王国に赴任していたことも、ベンチャー企業を立ち上げたことも、生命保険業界からまったく畑違いの教育業界にうつったことも、さまざまな考え方の人たちと触れあう機会になりました。

それらの「勉強」がいま、APUの学長の仕事にも生かされていると感じます。

本

僕がこれまでの75年間で学んだことの総量を100とすると、50は本から得てきたと自負しています（残りは「人」「旅」で25ずつです）。物心ついてから本を開かなかった日は一日たりともありませんし（病気になる前の話ですが）、いままで1万冊以上の本に親しんできました。

本は、先人の知恵の結晶です。ダーウィンやプラトン、ニーチェといった、教科書に載るような頭のいい人――それも世界中の、あらゆる時代を生きた――の話を家にいながらにしてマンツーマンで聞くことができる。自分の人生だけでは知り得なかった知を与えてもらえる。それが読書の醍醐味です。

知恵の結晶である本に触れてさえいれば、仮にいま生きている社会でアンコンシャス・バイアスを植え付けられたとしても、ひどく凝り固まった人間にはならないと僕は思っています。

だって、本を開けば、たとえば古代ギリシアの考え方に触れ、中世の宗教観を学び、遠い異国の歴史や制度を知り、異なる文化で暮らす人の機微に触れることができるわけでしょう。第3講で紹介したマクロン大統領の「考え方」だって、僕が本を通じて学んだものです。

知らなかったことを知り、新しい考えに触れ、世界が広がっていく感覚を得られる。

自分がいかにものを知らなかったか、狭い世界で生きているのか、思い知らされる。

どう考えても賢くなると思いませんか？

僕の詳しい読書術については、『本の「使い方」1万冊を血肉にした方法』を読んでいただきたいのですが、基本的な読書術について、ここでは3つだけお伝えしたいと思います。

① 古典を読む

古今東西さまざまな本を読んできましたが、とくに**「時の試練」をくぐり抜けた古典からは多くの学びを得られました。**普遍的なテーマに触れて考える力を身につける意味でも、人間の変わらぬ本質を理解する意味でも、古典に勝るテキストはありません。なんといっても、人間の脳はここ1万年ほど、進化していないのですから。

賢人が悩みながら見いだした重厚な知恵、美しい文章や描写、機微を、お裾分けしてもらいましょう。

② 速読はしない

速読などの読書テクニックは、百害あって一利なしです。一文ずつじっくり考えたり、知識と知識を結びつけたりする余白がないため、深い思考に行き着きません。

そしてなにより、著者の人生や思考、哲学をシェアしてもらえるのが本です。それをパラパラめくって読んだ気になるなんて、書いた人に申し訳ない気持ちになってしまいます。著者が行き着いた結論はもちろん、そこに至ったプロセスを追体験できるのも、読書の魅力です。

一字一句逃さずじっくり読む。むずかしい部分も飛ばさず、咀嚼《そしゃく》する。

本が血肉となる読み方は、それなりに時間がかかるものなのです。

③ 最初の10ページで読み進めるかどうか決める

手に取った本を読むかどうかは、「はじめに」を除いた第1章の冒頭10ページで決めます。読んでみておもしろくなければそのまま閉じてしまいますし、ここでおもしろいと思ったら、それ以降は一文字も読み飛ばしません。

これは、僕の著者としての経験から得たノウハウでもあります。「はじめに」は本文をすべて書き終わったあとに着手することが多く、精も根も尽き果てていることが多い。一方で、第1章の冒頭は「ぜひこの本を読んでほしい！」「おもしろい本にしてやろう！」と熱い思いを持って書いていることがほとんどです。そこがつまらないとなると、残念ながらその本とは相性が悪い可能性が高いと言えるでしょう。

楽しくない読書には、意味がありません。「教養だから」と、無理して読む必要などないのです。

最初の10ページで、しっかり相性をチェックしましょう。

旅

「旅」と聞くと、まず修学旅行や家族旅行といったレジャーを思い浮かべるかもしれません。しかし僕が考える「旅」は、「自分の足で現場に行くこと」全般を意味します。

自分の足で移動して、自分の目でものごとを見て、経験する——これが、旅の本質です。

たとえばみなさんがテレビを見ていて、家から少し離れた街においしいパン屋さんがあることを知りました。このときどれだけレポーターが詳しく説明しても、おいしそうな断面図がズームアップされても、味の想像には限界があります。

足を運び、店に入り、香りを吸い込み、おいしさを体験しなければその真髄は理解できません。でも足を運べば、それが体験になり、知識となり、血肉となる。

つまり、隣町のパン屋さんに足を運ぶことも、立派な旅なのです。

いまはインターネットで、世界中の情報をいくらでも仕入れることができます。

「YouTubeでリアルな映像を見ることができるから、海外に行く必要はない」と考える人も少なくないと聞きました。

しかし、その意見に僕は反対です。教科書に掲載されているピカソの作品を眺めるのと、実際にスペインで「ゲルニカ」を見るのでは、作品から受け取るメッセージはまったく違います。万里の長城をテレビで見るのと実際にその上に立つのでは、得られる情報量は段違いです。

自分を揺るがし、成長させる刺激は、現場でしか体験できないのです。

また、僕は日本生命に勤めていたころ、ほかの会社で社員として一定期間働く「出向」と呼ばれる仕組みを充実させました。会社Aの社員でいながら、2〜3年ほど会社Bで働いてみる制度です。

こうして**いろいろな会社の文化を自分で経験することも、ひとつの「旅」**。とくに高校や大学を卒業してはじめに入社した会社にずっと勤めている人にとっては、「当たり前」や「常識」が崩れ、自分が身につけていたものの見方や考え方をアップデートするチャンスとなります。

とはいえ、僕はいわゆる「旅」も大好きです。お金のない学生時代は日本中を、社会人になってからはどんなに忙しくても夏と冬には必ず2週間ずつ休暇を取り、世界中を旅してきました。

声を大にして伝えたいのは、みなさんには**1歳でも若いうちに旅に出てほしい**ということです。いろいろな景色を、1日でも早く目にしてほしい。新型コロナウイルス感染症の流行によって「移動」そのものがむずかしくなった時期もありましたし、これからもどうなるかわからないところもありますが、それでも折を見て旅に出てほしい気持ちは変わりません。

たとえば、75歳の僕とみなさんとでは、体力も気力も段違いです。僕はもう、ヨーロッパの街にそびえ立つ大聖堂の最上階まで、階段ではのぼれません。

また、若いうちにバイアスを外し、視点をアップデートさせておけば、それから先の残りの人生が豊かになるわけです。僕は何歳になっても新しい体験をして勉強しつづけたいと考えていますが、やはり、若いほうが「おトク」だと言えるでしょう。

「お金が貯まったら旅に出よう」などと考えず、「あそこに行ってみたい」と思い立ったらいますぐ出歩きましょう。家を飛び出しましょう。徒歩でも、自転車でも、電車でも、とにかく足を運ぶのです。

5年後、10年後より、何倍も大きな刺激を受けることができるはずですよ。

人間の意識は、環境によって形づくられる。

脳の仕組み上、バイアスを持つのは仕方がない。

そんな不自由な存在である我々ですが、ときどきは、自分の頭で自由に考えられる人もいます。それが、「人・本・旅」で自分を育てている人、勉強している人です。

みなさんもどうか、あらゆるタイプの人と出会い、たくさんの本を読み、地球を旅して、よりよく考えられる人になってください。


「人・本・旅」の勉強こそが、人を自由にするのです。

勉強した人に見えてくる「ほんとう」

特定の学びたいテーマ、考えたい事柄があるときも、「人・本・旅」が基本です。

その道のプロに聞いたり、図書館で本を読み込んだり、博物館や資料館、また現地に足を運んだりして、知識を蓄えていく。このうちのひとつでも真剣に取り組む人はあまりいませんから、3つとも網羅すれば、たいていのことは語れるようになっているはずです。

ここで、勉強することでどのようにアンコンシャス・バイアスがなくなっていくか、例を挙げてみたいと思います。

日本人の多くが「不得意」である、宗教の話を取り上げましょう。さまざまなバックグラウンドの人と共に生きる多様性の時代において、欠かせないテーマです。

日本は諸外国のように、特定の宗教が人生や日常に溶け込んでいるとは言えません。そのため、宗教全般に対して心理的距離感があり、苦手意識を持ちがちです。

たとえば、「イスラム教」と聞いたときにどのようなイメージを抱くでしょうか？

僕が講演などでこう質問すると、「コーラン」「ムハンマド」などのイスラム教に関する知識を答えてくれる人のほか、「過激」「テロリストが信じる宗教」といった「悪」に近い印象を答える人も少なくありません。

しかしこの後者のイメージは、大間違いです。こうした宗教への無知と無理解、そして偏見は、世界を正しく認識するうえで確実に足かせになります。

なぜか。宗教は古来、人間とともにあり、社会に存在しつづけているものだからです。いまでもアメリカの大統領は就任式でキリスト教の聖典である聖書に手をついて宣誓しますし、イスラム教徒は一日5回のお祈りを欠かしません。

でも、たとえばみなさんの新しい同僚がヒジャブ（イスラム教徒の女性がつけるスカーフ）を着けていたら、よほどグローバルな企業に勤めていないかぎり、一瞬「え？」と思ってしまわないでしょうか。

しかし少し考えてみれば、服装の違いなど、東京の学校に大阪弁の子が転校してきたのとさほど変わらない話でしょう。ただ生まれ育った文化が違うだけ。それなのに、宗教がからむと反射的に距離を置いてしまうのです。それは、ひとえに不勉強のせいです。でもその同僚と言葉を交わし、親しくなれば、服装の違いなど気にならなくなるでしょう。

前ページに問うたイスラム教の話で言えば、本を読めばイラクやシリア、パレスチナの紛争やテロなどの争いの原因は、宗教間の対立ではないとすぐにわかります。

争いが絶えないのは、10代、20代の若者の人口がとても多く、仕事が足りなくなっている社会構造が原因です。これを英語では、「ユースバルジ（Youth Bulge）」と呼びます（バルジとは「ふくらみ」という意味です）。

極端なことを言えば、大学4年生が100人いて就職口が10人分しかない、つまり90人が無職になる社会は生きづらいですよね。働かなければお金はないし、お金がないとデートもできない。デートができなければヤケになる。自分の未来が思い描けないと「気に食わない奴に石でも投げとこか」と、テロに走る人も出てくるわけです。

テロの真の原因は、宗教ではなくユースバルジ、そして貧困にある。これは歴史的に実証されている、ファクトです。


歴史的、文化的な原理原則は、本で学べます。

イスラム教の友だちがいれば、人で学べます。

実際のイスラム文化は、旅で学べます。

学ぶとは、そういうことなのです。「わからない」は恐怖心や偏見を生みます。人間は相性がありますから、世界中の人々と仲良くなれとは言いませんが、**勉強不足ゆえの偏見をよしとしていては自分が不自由になるだけ**です。

政治や宗教などの知識は、グローバル社会の共通言語。多様性の時代の教養です。「知りません」では済まない分野と言えるでしょう。ぜひ積極的に学んでいただきたいと思います。

勉強すると、生きやすくなる

なにより**「人・本・旅」の勉強を経て考える力をつけると、シンプルに、気楽に、楽しく生きられるようになります。**考える力を持つと視界がクリアになり、視野が広くなりますから、自分に降りかかった厄災に対しても「まあええか」と思える。不必要に怒ったり落ち込んだりしなくなるのです。

これは僕自身の経験でもありますので、少し昔話をさせてください。

自分で言うのもおかしいのですが、僕は新卒で入社した日本生命で、いわゆるエリート街道を走っていました。財務省を担当する「MOF担」やロンドン現地法人の社長を務め、たくさんの経験を重ねてきました。

しかし55歳になる年の3月、系列のビル管理会社へ出向を命じられます。「勉強」のためではなく、行ったら戻ってくることのない、明らかな左遷。本社から飛ばされてしまったのです。僕は当時の社長と考え方が正反対で、かつ口うるさいタイプだったためにこうした人事になったのでしょう。

僕はいまだに、講演会などでビジネスパーソンから「そのときどんな気分でしたか？　相当悔しかったのではないでしょうか？　どのように気持ちを切り替えたのですか？」と聞かれます。おそらく、みなさん多かれ少なかれ仕事で悔しい思いをしたことがあって、その感情とどう折り合いをつければいいのか知りたいのでしょう。

しかし僕は、この会社員人生初とも言える大きな挫折に対して悔しさや怒りを抱くことも、絶望して涙を流すこともありませんでした。そもそも挫折だと考えていなかったし、社長を恨んだことだって一秒もありません。強がりではなく、本心ですよ。

そう言うと「悟りを開いているのですか？」と首をかしげられることもあります。

しかし、そんな立派なものではありません。

ただ単に僕は、歴史をよく学んでいたので、こうしたケースがごまんとあることを知っていただけです。

7世紀のイスラム初期に、「神の剣」の異名を持つハーリド・イブン・アル＝ワリードという武将がいました。

ハーリドはたいへん有能な武将だったのですが、当時のカリフ（最高指導者）だったウマルと折り合いが悪く、ずっと疎ましく思われていました。そのため、東ローマ帝国と雌雄《しゆう》を決するヤルムークの戦いを指揮し、すばらしい勝利を収めたにもかかわらず、ウマルから罷免されてしまいます。「気に食わない」という理由だけで、エース社員がクビになったようなものです。

理不尽きわまりないですね。しかし、こうした逸話は歴史上たくさんあります。あれだけ結果を出したハーリドですら、トップとウマが合わなければクビになる。「気に食わない部下をそばに置いておくトップはいない」とはよく言われることで、僕も例外ではなかっただけの話です。だから僕は、悔しくもなかったし、怒りを感じることもありませんでした。

もし、僕が本をまったく読んでいなかったら、悔しくてどうかなっていたかもしれません。多くの怒りや絶望は、勉強不足から来ています。知識と考えが足りないと、不幸せになってしまうのです。

みなさんもこれからの人生、理不尽な目に遭うことがあるでしょう。しかしその**理不尽はだいたいもっと、さらにひどいかたちで、歴史上に存在しています**。それを知っているだけで、「なぜ自分ばかりこんなつらい目に」と頭を抱えることはなくなるでしょう。ときには、そのトラブルへの対処法も学ぶことができるはずです。

ただ賢くなるだけでなく、精神の安定にも作用してくれる。勉強ってすごいでしょう？　ぜひみなさんには、アンコンシャス・バイアスを壊し、考える力をつけるための「勉強」、すなわち「人・本・旅」を実践していただけたらと思います。

第6講

考える力をつけ、行動しよう

勉強したら、行動しよう

いよいよ、本書最後のテーマに入りましょう。

楽観的に生きていくために、多様性の時代を生き抜くために、自分たちには考える力が必要だ。そこで「人・本・旅」で勉強して、知恵を手に入れた。アンコンシャス・バイアスから抜け出し、自分の頭で考えられるようになった。「考える」のスタートラインに立てた。

では、考えられるようになったら、それで満足していいのでしょうか？　考えた結果を、自分ひとりで抱えたままでいいのでしょうか？

僕は、若いみなさんにはぜひとも「行動」を起こしてほしいと思います。

頭だけ動かして部屋で座して待っていても、なにも起こりません。考えられる力を持っている人には、その力を存分に生かしてほしいのです。

行動を起こして、人生を豊かにする。行動を起こして、社会を変える。

みなさんには、そんな人間になってほしいと思います。

といっても、いきなり社会運動をしましょう、というようなハードルの高いことは言いません。身近な「行動」を紹介しましょう。

想像より、意外と小さなアクションかもしれません。

キーワードは、「民主主義」です。

自分と後輩と社会のために、行動する

「民主主義？　ってことは政治の話？」

そう思われたでしょうか。民主主義についての詳しい説明は先に譲り、ここではみなさんにおすすめしたい「行動」を紹介しましょう。

民主主義というと、まず「投票」を思い浮かべる方が多いと思います。しかし19世紀、『アメリカのデモクラシー』を記したアレクシ・ド・トクヴィルは次のように述べています（デモクラシーとは、民主主義のことです）。

「人々が国政に限らず、自らの地域の課題、あるいは自らの居場所の課題を、自らの力で解決する意欲と能力を持つことがアメリカンデモクラシーの基本ではないか」

国任せにせず、自分たちで問題を解決する意欲と能力を持つことが、民主主義の基本である——この定義には後ほどまた触れますので、覚えていてくださいね。

僕は、このトクヴィルの言葉がとても好きです。どうすれば、自分たちの社会が抱える問題を解決できるか考える。アクションを起こす。自分たちの社会は自分たちで変えられるという実感を持つ。それこそが民主主義の根幹にあることを、端的に伝えてくれているのですから。

この定義でいえば、ＢＬＭ（ブラック・ライブズ・マター）のところでもお話ししたように、デモに参加するのもひとつの「民主主義」となります。

ほかにも、次のような「行動」が、民主主義的と言えるでしょう。みなさんが「考えた」後にどんなアクションを起こすか、参考にしてください。

①**消費**　企業の思想やスタンスに共感できるか見極め、納得できる消費活動をするのも民主主義のひとつです。たとえば、動物実験や環境負荷の高さなど許せない部分があれば「買わない」選択を、人権意識が高く今後も存続してほしいと思ったら「買う」行動を起こします。まずはフェアトレード、ＳＤＧｓなど、自分が大切にしたいポイントを見つけましょう。

②**寄付**　国のお金の使い方が気に食わない。信用できない。そんな人は、活動理念に共感できる団体などに寄付を行うといいでしょう。寄付することで、自分で稼いだお金の使い道を、国や自治体任せにせず自分で決めることができます。寄付をした場合、所得税・住民税・相続税が優遇されます。

③**贈与**　寄付と同じく、たとえば「相続税を支払うくらいなら応援したい団体に贈与してしまおう」と考えることもできます。

この①～③は、自分のお金を、理想の場所に使おうとする「お金による民主主義」と言えるでしょう。次は、「アクションによる民主主義」です。

④ 声を挙げる　なにか不利益を被ったとき——たとえば痴漢にあったときも、パワハラやセクハラをされたときも、「声を挙げること」は大切な「行動」のひとつです。痴漢を訴えることで法の下に裁いてもらえますし、パワハラ上司をさらに上層部に訴えればその人は出世できない、あるいは別の場所に異動になります。いずれにしても、それ以上の被害を減らせるのです。

ここで「私さえガマンすれば……」「ことを荒立てないで済ませたい」と考えてしまうと、被害者は増える一方です。自分の後輩や、将来の後輩も、被害に遭うかもしれないのです。

「声を挙げることは正しい行動」です。

この社会にはまだ「声を挙げる人はめんどくさい」といった誤った認識を持っている人も存在しているので、二の足を踏んでしまうこともあるでしょう。でも、声を挙げること、訴えることは、未来の被害者を守るための正しい行動。これは、周りの人にもぜひ伝えてほしいと思います。

⑤ 逃げる

「もう、ここはアカン、どうしようもない」と見切りをつけたら、逃げ出すのもひとつの手です。働きたくない会社や暮らしたくない国から出ていくことも、民主主義につながります。

ブラック企業をイメージしていただくとわかりやすいのですが、労働環境がよくない場からどんどん人がいなくなれば、いずれそこはつぶれます。苦しい思いをしながらもまじめに我慢する人が一定数いるから、ブラック企業が存続してしまうわけです。

同じように、ブラックな環境や国家からは逃げるのも、決して悪いことではありません。自分がいたくない場所で苦しむ必要はないし、自分が逃げることで、社会をよい方向に動かせるかもしれないのです。

考えた先に取るべき行動を、5つにまとめました。今すぐできそうなものもあるでしょう。簡単すぎて、「これが民主主義の『行動』?」と思われたかもしれませんが、トクヴィルによれば、これらはれっきとした民主主義社会で取るべきアクションです。ひとりひとりがたしかな知識を得て、自分の頭で考えて、さらに行動することで、間違いなく社会は変わっていくのです。

選挙による民主主義

これまで説明してきたような「行動」は、考える力を身につけたみなさんの日々をより豊かにするでしょう。

しかし、**「市民」として生きるみなさんにとって大きな意味を持ち、ダイレクトに生活や人生に直結するのは、やはり「選挙」。つまり「投票」です。**

これからどんな国にしていくか、どんな地域にしていくのか。

どんな制度をつくるか、どんな外交をするのか。

どのように、みんなから集めたお金を使うのか。

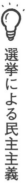

このように、社会をよりよく運用するため、古代より先人たちは試行錯誤しつづけてきました。その結果、日本をはじめ多くの国で、そこで暮らすみんなの意思決定でものごとを進める「民主主義」と呼ばれる方法を採っています（少なくとも現時点では）。だれかひとりが圧倒的な権力を持ち、国を操る「専制君主制」や「独裁制」とは違います。

民主主義は、僕たちの社会の基盤とも言える、とても大切な概念です。社会を生きるうえで、社会を変えるうえで、民主主義への理解は欠かせません。

民主主義は、古代ギリシアで生まれました。「公共の場で、オープンな議論によって、市民がみんなで意思決定をする」方法で、決まったことにはみんなで責任を負うこと、自発的に従うことが求められました。

つまり**「参加と責任」が民主主義のベースの思想**だったのです。

ローマ時代の共和制になると、さらにいくつかの要素が組み合わされます。

・君主制をもとにした執政官（最高位となる公職者、現代でいう首相）

・貴族制をもとにした元老院（執政官を監督・指導）
・民主制をもとにした民会（市民と貴族が参加）

この3つを組み合わせた混合形態で、民主主義を成立させました。

なぜそんな工夫をこらしたかといえば、「衆愚《しゅうぐ》政治（教養のない者の参加で政治が混乱してしまうことを指す、古代ギリシアで生まれた蔑称）」に陥らないようにです。「一般人だけではこころもとないから、知識と教養のある公職者や貴族も入れておこう」といったところでしょう。

また、いろいろな立場の人を混ぜることによって、社会の中で対立しがちな利益の調和を図るためでもあります。

こうして生まれた民主主義は試行錯誤を経て、あらゆる国や地域で採用され、これまで脈々とつづいてきたわけです。

先ほどトクヴィルの「人々が国政に限らず、自らの地域の課題、あるいは自らの居場所の課題を、自らの力で解決する意欲と能力を持つことがアメリカンデモクラシーの基本ではないか」という言葉を紹介しましたが、あらためて腑に落ちる説明だということがわかるのではないでしょうか。

さて、民主主義を運用するうえで欠かせない仕組みが、選挙です。「みんなで議論する」といっても、日本の人口1億2500万人、成人だけでいっても1億人が一か所に集まって議論し、意思決定するのは不可能です。県であっても市であっても、学校であってもそうでしょう。

だから、「この人に私の意見を託します」と自分たちの代表者を選び、彼らに議論、決議してもらう必要があるわけですね。

選挙とは、民主主義国家に暮らす僕たちに義務づけられた、自分たちの課題を解決するために必要な「行動」なのです。

民主主義は、よくできた制度です。現状、ベストの政治体制だと僕も考えています。しかし同時に、完璧ではありません。第二次世界大戦を勝利に導いた連合王国の首相、ウィンストン・チャーチルは次のような言葉を残しています。

「民主主義は最悪の政治体制だ。これまでに試みられてきた、民主主義以外の全ての政治体制を別にすれば、だが」


つまり、さまざまな最悪の政治体制の中ではマシなのだと言っているわけです。

では、民主主義にはどのような欠点があるのでしょうか。

まずひとつ、「短期的に大勢の人をだますことができる」ことが挙げられます。まさにヒトラーが実現した政治です。

民主主義と独裁主義というと正反対の政治体制に思われるかもしれませんが、そんなことはありません。むしろ、民主主義のパワーを生かせばよりパワフルな独裁が可能になります。

ドイツが世界恐慌で疲弊して二進《にっち》も三進《さっち》もいかなくなった時、選挙が行われ、「ヒトラーこそ自分たちの代表にふさわしい」「ナチス・ドイツというすばらしい政党にこの国を任せよう」と考えた多くの民衆は、彼に票を投じます。

ヒトラーは、疲れきったドイツ国民に職（仕事）を与えました。飢えから救い、経済を活性化させた。そうして一躍、市民のヒーローになりました。さらに富国強兵策によって国民に希望と自信を与えることで、圧倒的な支持を受けるようになります。

しかし、彼は「憲法にすら拘束されない立法権を、ナチス・ドイツに与える法案」を通します。こうしてヒトラーは、独裁政治への道を進みはじめたのです。

彼は、「ドイツ人こそすばらしい民族である」と声高に叫び、ユダヤ人を差別する政策を推し進めます。ご存じのとおり歴史的な惨劇が起こり、第二次世界大戦へとつながっていったわけです。

ごくふつうの民主主義国家だったはずのドイツで、なぜこうした悲劇が起こってしまったのか。

多くの市民が煽動《せんどう》され、票を投じたからです。困っているときに、助けてくれた。優越感などの感情を刺激され、わかりやすく理想の国を描かれた。

そんなときに「投票」という行動が目の前にあれば……その人に賭けてしまいますよね。

僕たちは、自分たちにとって好ましいと感じる政治をする人たちに、権力を託すことができます。一方で、「やっぱりおかしいぞ」と感じたときには、その政治家はすでに強大な権力を手にしていることもあるわけです。

民主主義なんてロクなものではない、と思われたでしょうか。しかし**「短期的に大勢の人をだますことができる」の裏を返すと、「民衆をだませるのはごく短期間」**だと言えます。

時間が経てば経つほど、おかしな政治には「おかしい」と多くの人が気づく。それが民主主義が持つ希望であり、力でもあるわけです。

ヒトラーも例外ではありませんでした。政権を取ってから10年経たないうちに、「やっぱりコイツの言ってることはおかしいで」と世界中のみんなが気づいたでしょう？　いまや、ヒトラーの政治をすばらしいと評する人はいないはずです。

ときには、うっかりだまされてしまうこともある。けれど、長期的には、だいたい

の人が正しい判断を下せる。

だからこそ、民主主義は世界中で信じられているわけです。

ですから、おかしな首相や大統領、政治家が選ばれたと思っても、あまり悲観的になる必要はないとも言えます。それがほんとうに「おかしな」政治であれば、何十年にもわたってそのままであることはほぼありえませんから。民主主義の性質を信じつつ、「おかしい」と思う気持ちを選挙で表明しつづければ、ですが。

そう、民主主義国家で暮らしている以上、僕たちは投票という行動を決して放棄してはなりません。投票をとおして、考えたことを主張できる。社会にものを申したり社会を動かすことができるのです。

「変えようとしなければ、変わらない」。それが、社会なのです。

民主主義はガマンの上に成り立つ

民主主義を実現するうえで欠かせない「選挙」の性質をきわめて正確に見抜いてい

たのもまた、チャーチルでした。彼は、こんなふうに選挙を表現しています。

「選挙とは、忍耐である」

これは、すばらしく的確な言葉だと思います。「選挙とは、いまの世の中でだれに税金を分配させたら多少はマシになるか消去法で選ぶことだ。そもそも、選挙とは忍耐なのである」ということですね。

ここ数年、数十年の日本を見るとよくわかると思いますが、現状を劇的に打破するスーパーヒーローを期待しても、そんな人は現れやしません。政治による変化はもっと長いスパンで起こるもの。だから、思うように世の中が変わらなくても、耐えつづけなければならないのです。

「選挙に行って投票しても、世の中は変わらない」

「政治家なんて信じられない。ほんとうに国民のことを考えている人なんていない」

そう思う人は多いかもしれませんが、チャーチルに言わせればそれは当然のこと。

ガマンするしかないのが、選挙なのです。

また、チャーチルは選挙の候補者について、「選挙に出たいやつなんて、ろくでなしに決まっている。モテたいやつか金儲けしたいやつ、もしくは目立ちたがりのやつばかり。まっとうなやつは、選挙なんて出ない」とも言っています。

政治家は立派な人間であるべきだと期待するから、「ろくな候補者がいない」と嘆きたくなる。それはそもそもの前提が間違っているのだ、と。

たとえば思い返してみると、高校の生徒会もほんとうに「学校を変えたい」と純粋で強い情熱を持って立候補するひとはひと握りではないでしょうか。大学への推薦がほしい、暇だしちょっとやってみよう、目立ちたいといった自分本位な動機で手を挙げる人も、少なくないはずです（そんなことはない、という志の高い方ももちろんいらっしゃると思います）。

そもそもろくな人間はいないのだから、少しでもマシな人間を選ぼうと努力する。

残念ですが、少しでもいい社会をつくろうと思ったら、これしか方法はないのです。

たとえばいまの政治家に女性が少ないと思えば女性を、若者が少ないと思えば若者に投票する。気になる政策があったら、そこに賭けてみる。あとはじっと待つ——ひたすら忍耐です。

気の長い話でしょう。しかし民主主義国家である以上、僕たちはあきらめずに政治に参加しつづけなければなりません。

参加もしない、責任も持たない。そんな姿勢で文句ばかり言っていても、状況はもっと悪くなるだけ。「おかしな人」がずっと力を持つことに加担するだけなのです。

なぜ投票に行かないことが大問題なのか

では、みなさんの暮らす社会の現実はどうか。

2022年7月に行われた参院選では、10代の投票率が35パーセントほど、20代の投票率が34パーセントほどでした（ちなみに全年代の投票率は約52パーセントです）。これは残念ながら、先進国でもっとも低い数字です。「この国が将来どんな姿になっても文句は言いません」と、これだけ多くの人が考えているのです。

大切なことを言います。投票率が低い以上、若い人たちは政治家から「いないもの」として扱われます。みなさんにとっていい社会には、なりません。「このままじゃ不安だ」「大人はいい時代を生きられてズルイ」と思うのであれば、投票に行って政治を変えるしかないのです。

とはいえ、「そんなことはわかっている。でも、自分が投票することにどれだけ意義があるのかいまいちピンとこないんだ」という人もいるでしょう。

そこで投票率が高いとどんな「おもしろいこと」が起こるのか、シンプルな数字を使って見てみたいと思います。

同じ選挙区から、

・大政党（自民党など）所属の現職Aさん
・無所属の新人Bさん

の2人が立候補し、そのうち1人が当選する選挙があります。つまり、過半数の票を取った候補者が勝つ選挙です。

日本の投票率は、およそ50パーセント。有権者100人中50人しか選挙に行かない、つまり50票がマックスの票数ですから、どちらかがその過半数である「26票」を獲得すれば当選となるわけです。

しかしじつはこの50人、全員が毎回ゼロから「今回はどちらに投票しようかな」と考えてくれるわけではありません。

大政党の看板を背負う候補者Aさんに投票する人が、だいたい20人程度はいるものです。いわゆる、政党を支持する人たちですね。

100人中50人が投票する選挙。そのうち20人が大政党の固定票となるわけです。

さて、ここで問題です。

現職の立候補者Aさんは、あと何票獲得すれば当選できるでしょうか？

簡単な算数ですね。当選ラインの過半数は26票ですから、あと6票集めればいいわけです。

一方、固定票ゼロの新人Bさんはどうでしょうか。そう、ゼロから26票を集めなければならないのです。1～2週間の選挙戦で、大政党の応援もなしに、もう一人の候補者の4・3倍の票を集めるのはかなり無謀、ということがわかるでしょう。

つまり、「投票率50パーセント」では、大政党がバックについていない候補者や新人が、なかなか当選できないのです。固定票を持つ人が、選ばれる。チャレンジャーにとっては負け戦になりやすいわけです。

低投票率は、「現状維持」につながる。つまり社会は変わりません。

逆に言えば、現役の政治家にとって、投票率が低いことほど「うれしい問題」はないのですよ。

では、投票率80パーセントになるとどうでしょうか。同じ条件で考えてみましょう。

まず、100人中80人が選挙に行くから、マックスは80票。取るべき過半数は41票です。そのうちおよそ20の固定票を現職Aさんが持っていますから、Aさんが過半数の41票を獲得するためにはあと21票必要になります。

では、固定票のない新人Bさんはどうか。過半数となる41票をゼロから集めなければならないわけですから、得なければならない票数は投票率50パーセントのときより多く見えるでしょう。

でも、よく見てください。ライバルAさんも、過半数を取るためには21票必要なんです。その差はたったの2倍なんですよ。投票率50パーセントの4・3倍差より、ずいぶん脈のある戦いになる。こうなると、社会をひっくり返せる可能性が出てきます。

いま、日本の政治は次のような構造となっています。

・投票率が低い→大政党や後援会の支援を受けた人、現職しか当選しない→チャレンジャーが立候補せずに新しい風が吹き込まれない
・親の固定票を引き継げる2世、3世議員ばかりになってしまう

実際、日本の世襲議員の割合は、およそ4割にも及びます。すごい数字でしょう。先進国で世襲議員が1割を超えている国はほかにありませんから、どれだけ2世、3

世議員が幅を利かせているかがわかるかと思います。

どうか、自分の一票を捨てないでください。たとえ投票した人が当選しなくても、せっかく当選したのに思ったような政治が行われず歯がゆく思っても、投票率を上げられただけでヨシとする。選挙とは、忍耐なのですから。

その姿勢が、真剣に未来を考える「まだ票を持たぬ挑戦者」が当選するための――社会を変えるための一歩なのです。

世界イチ簡単な投票の仕方

世界を見てみると、北欧の若者（18〜29歳）の投票率は80パーセントを超えています。80パーセントあれば、前項でお話ししたようにバックに大政党がついていないチャレンジャーが当選する可能性もぐんと高まりますね。

その結果、２０１９年にはフィンランドでは34歳の女性首相が誕生し、閣僚も19人中12人が女性という、日本では考えられないニュースが飛び込んできました。２０２

1年には、スウェーデンでも初の女性首相が誕生しています。

この若者の参政意識の高さの一因として、投票のやり方を学校（義務教育）で教えていることが挙げられるでしょう。日本では政治、とくに思想の表明にもつながる選挙について学校で触れるのはタブー視されています。でも、自分たちの社会のつくり方を教えることは何らおかしいことではないと僕は思います。

そこで、ヨーロッパのある学校で教えられている「投票のやり方」をお伝えしたいと思います。

選挙がはじまると、メディアが事前予想を出してきます。「この政党が優勢そうだ」とか、「街頭演説でこんなに集まった」とか、ニュースで目にすることがあるでしょう。

もし、その流れに賛成だったら、とるべき手段の選択肢は3つあります。

① 選挙に行ってその人の名前を書く

②　白票を出す（白票は無効ですが、投票率には反映されます）

③　棄権する（ただし、これはなるべく選択してほしくありません。投票率を上げましょう）

そしてメディアの予想が自分の希望と違ったら、次の行動をとりましょう。

④　なにがあっても選挙に行く

ぜひ選挙に行ってください。そうしなければ、おそらく予想通りの結果が待っています。

このとき投票する候補者は、自分がいちばん気になるテーマについて、「これなら」と思う政策を掲げている人を選ぶのもいいでしょう。また、先ほども言ったとおりいまの政治家に女性が少ないと思えば女性を、若者が少ないと思えば若者に投票するのもいいでしょう。言葉を選ばずに言えば、そこまで真剣に選ばなくて大丈夫です。

これが、民主主義を生きるみなさんが次の選挙で取るべき「行動」です。シンプルでしょう?

未来は、みなさんの行動次第で変わります。

もしみなさんが深く考えることなく、行動も起こさなければ、みなさんの人生も社会も停滞してしまうでしょう。

一方で、本書を読んでいるみなさん全員が、**自分の頭で考え、意思決定し、周りの人と議論し、投票に行き、意見を表明し、日々の買い物に意志を持つだけでも、社会は確実によい方向に変わっていきます。**

重たい歯車ですが、いずれ必ず回り始めます。あきらめないことが肝心です。

考えることを楽しんで、ポジティブに生きていこう

本書ではここまで、「『考える』を始める」というテーマでお話ししてきました。

多様性の時代、さまざまな価値観に触れる機会が増え、ときに「え?」と思うこともあるでしょう。

しかしその引っかかりは、アンコンシャス・バイアスから抜け出すチャンス。さまざまな価値観を知ることで、こんなふうに考えることもできるんだ、こんなふうに行動することもできるんだと、みなさん自身の選択肢も増えていくと思います。そうして自分で「選べる」人生は、わくわくと胸躍るものになるでしょう。

ぜひ「常識」や「当たり前」に囚われず、本質はなにか考えてみてください。そして「人・本・旅」で、アンコンシャス・バイアスをどんどん壊していってください。

自分の頭で考えて、楽観的に生きていきましょう。

ポジティブに考える人たちが増えたら、みなさんが生きる社会全体も明るくなり、いい方向に進むはずです。

ぜひ一緒に、考えることを楽しみましょう。そして、人生を楽しんで生きていきましょう。

参考文献

『一九八四年［新訳版］』ジョージ・オーウェル著　高橋和久訳（ハヤカワｅｐｉ文庫・２００９）

『方法序説』デカルト著　谷川多佳子訳（岩波文庫・１９９７）

『革命　仏大統領マクロンの思想と政策』エマニュエル・マクロン著　山本和子、松永りえ訳（ポプラ社・２０１８）

『アメリカのデモクラシー　第１巻　上・下』トクヴィル著　松本礼二訳（岩波文庫・２００５）

『アメリカのデモクラシー　第２巻　上・下』トクヴィル著　松本礼二訳（岩波文庫・２００８）

『電通、「ＬＧＢＴＱ＋調査２０２０」を実施』電通（２０２１年４月８日）
https://www.dentsu.co.jp/news/release/2021/0408-010364.html

『コロナ禍で振り返るパートナーシップ制度「PACS」』CLAIR Paris（２０２０年12月10日）
https://www.clairparis.org/ja/clair-paris-blog-jp/blog-2020-jp/1441-pacs

『どの動物が人間を一番殺しているのか…？ビル&メリンダ・ゲイツ財団がまとめた驚きの結果』
錦光山雅子 HUFFPOST（２０１７年11月11日）
https://www.huffingtonpost.jp/entry/don_jp_5c5d4fefe4b0974f75b157ff

『世界・人口１００万人あたりの国会議員数ランキング』世界ランキング　国際統計格付センター
http://top10.sakura.ne.jp/IPU-All-SeatsPerp.html

『今後の高齢者人口の見通しについて』厚生労働省
https://www.mhlw.go.jp/seisakunitsuite/bunya/hukushi_kaigo/kaigo_koureisha/chiiki-houkatsu/dl/link1-1.pdf

『ジェンダー・ギャップ指数（GGI）２０２３年』内閣府　男女共同参画局
https://www.gender.go.jp/international/int_syogaikoku/int_shihyo/index.html

『国政選挙の年代別投票率の推移について』総務省
https://www.soumu.go.jp/senkyo/senkyo_s/news/sonota/nendaibetu/

出口治明《でぐちはるあき》

1948年、三重県生まれ。立命館アジア太平洋大学（APU）学長。ライフネット生命保険株式会社創業者。京都大学法学部を卒業後、1972年、日本生命保険相互会社に入社。生命保険協会の初代財務企画専門委員長として、金融制度改革、保険業法の改正に従事する。ロンドン現地法人社長、国際業務部長などを経て、2006年に退職。同年、ネットライフ企画株式会社を設立し、代表取締役社長に就任。2008年の生命保険業免許取得に伴い、ライフネット生命保険株式会社を開業。2012年、上場。社長、会長を10年務めたのち、2018年より現職。訪れた世界の都市は1200以上、読んだ本は1万冊を超える。おもな著書に『生命保険入門　新版』（岩波書店）、『全世界史（上・下）』（新潮文庫）、『人生を面白くする 本物の教養』（幻冬舎新書）、『哲学と宗教全史』（ダイヤモンド社）、「人類5000年史」シリーズ（ちくま新書）、『一気読み世界史』（日経BP）、『働く君に伝えたい「お金」の教養』（ポプラ社）などがある。

構成　田中裕子 (batons)
ブックデザイン　FROG KING STUDIO
イラスト　Satoshi Kurosaki
地図　デザイン春秋会
校閲　株式会社鷗来堂

働く君に伝えたい「考える」の始め方

著者　出口治明

2023年10月2日　第1刷発行

発行者　千葉 均
発行所　株式会社ポプラ社
〒102-8519　東京都千代田区麹町4-2-6
一般書ホームページ　www.webasta.jp
印刷・製本 中央精版印刷株式会社

ISBN978-4-591-16884-4 N.D.C.159 191p 19cm

P8008313